説教黙想アレテイア叢書

三要文深読
shindoku

十戒・主の祈り

日本キリスト教団出版局［編］

日本キリスト教団出版局

はじめに

十戒・主の祈り 深読のすすめ

小泉 健

聖書の中核を指し示す言葉

「三要文」を読みましょう。

「三要文」という言い方は、今日、あまり使われないかもしれません。キリスト教会にとっての「もっとも重要な三つの文章」というほどの意味です。具体的には、「使徒信条」、「十戒」、「主の祈り」の三つの文章を指しています。

三要文はわたしたちの信仰の中核をなす言葉です。わたしたちの信仰の土台にあるのは、もちろん聖書です。教理も信仰も、聖書の言葉から生まれてきます。聖書こそが「信仰と生活との誤りなき規範」（日本基督教団信仰告白）です。しかし、聖書はたいへん大きな書物です。神の民の長い歴史の中で神が何をしてくださったのかを語る壮大な物語です。ですから、全体としての聖書をきちんと捉えることは困難です。聖書が語っている神はどのようなお方か。神がわたしたちの命に対してどのような御心を持っていてくださるか。わたしたちは神にどのようにお応えしたらよいか。聖書はそれらのことをたしかに語っていますけれども、聖書が語りたいことを受け取ることは、わたしたちには容易ではありません。もっと簡潔に聖書の中核を示してくれる言葉が必要です。

　そこで、三要文の出番となります。三要文のうち「使徒信条」は、聖書全体が証ししている神がどなたであるのかを、筋道立てて簡潔に言い表します。「十戒」は、わたしたちが神の民として、神の御顔の前でどのように生きたらよいかを明らかにします。「主の祈り」は、主イエスご自身が主の弟子であるわたしたちに教えてくださった祈りの言葉です。

　三要文によって、わたしたちは信仰にとってもっとも重要な言葉を身に着けることができます。宗教改革時代の代表的な信仰告白文書に、ルターの「大小教理問答」、カルヴァンの「信仰の手引き」や「ジュネーヴ教会信仰問答」、そして「ハイデルベルク信仰問答」があります。これらはいずれも、三要文を解き明かすことを柱としています。三要文こそ信仰生活を形作る言葉だからです。

　三要文に含まれる三つの文書をどのように位置づけるかについては、いくつかの考え方があります。わたしたちは、「ハイデルベルク信仰問答」が示している考え方に立ちたいと思います。すなわち、まず「使徒信条」がまことの信仰について教えており、「十戒」と「主の祈り」は信仰によって救われた者の感謝の生活を導くのだという考え方です。

　三要文を読みましょう。暗記してしまいましょう。そして、三要文をもっと深く読み、味わいましょう。そうすることによって、わたしたちが神をどのように信じたらよいかも、神をどのように愛したらよいかも、神によってどのような希望を与えられているかも、はっきりとつかむことができるようになります。信仰者としての足腰が強くなり、たしかな足取りで信仰生活を送ることができるようになります。

　「だから、萎えた手と衰えた膝をまっすぐにしなさい。また、自分の足のために、まっすぐな道を造りなさい。不自由な足が道を踏み外すことなく、むしろ癒やされるためです」（ヘブライ 12:12-13）。

　三要文を読むことが、この御言葉に生きることの助けになります。

新しい命と新しい服従のために
　本書は三要文のうち「十戒」と「主の祈り」を取り上げています。

　「十戒」の名前を知らない人はいないでしょう。それなら、十戒の十の言葉を順番に言うことができるでしょうか。十戒の言葉は、わたしたちの礼拝において、また信仰生活において、どのような意味を持っているでしょうか。もしかすると、わたしたちは神の民でありながら、十戒の言葉をほとんど忘れて歩んでいるかもしれません。

　わたしたちの信仰生活において、十戒がはっきりした位置を持っていないとしたら、それは、旧約聖書が正しい位置を持っていないということなのかもしれません。たとえば、わたしたちは旧約聖書も含めた聖書全体を神の霊感によって書かれた聖なる書物とし、教会の正典としています。けれども実際には、新約聖書ばかり重んじていて、旧約聖書のほうは、教会の礼拝で解き明かされることも、日々の祈りにおいて読むことも少ないのではないでしょうか。また、福音主義教会は、信仰義認の教えを大事にし、「律法の行いによらず、ただ信仰によって」ということを強調するあまりに、旧約聖書はわたしたちの救いと信仰にとって不要なものだと思ったり、不要とまでは言わなくても、新約聖書よりも価値が低いものだと考えたりすることもあるかもしれません。さらに、「律法」という言葉は、わたしたちを縛りつけ不自由にするもの、どうせわたしたちには満たすことができない厳しい要求、それを守る自分を誇らせ、守らない他者を裁くようにさせる冷たい掟といった響きを持ってしまっているようにも思います。しかし、これらはすべて間違った理解です。

　旧約聖書と新約聖書は分かちがたく結びついていて、その全体で一つの聖書です。「律法」という言葉は、ヘブライ語の「トーラー」に由来しますが、「トーラー」という言葉そのものは「教え」という意味であり、聖書においては、わたしたちの命に対する神のご意志を示す言葉を指しています。わたしたちがどう生きたらよいか、神に対して、また隣人に対して、どのような姿であったらよいか、そのことについての神の御心は、律法の中に、とりわけ十戒の中にはっきり示されています。それは、まことに幸いなことです。

　十戒を文字として読み、守るべき掟としてのみ読むなら、なるほどわたしたちを殺す言葉にしかならないでしょう。しかし、十戒を救いの神の生きた

語りかけとして聞き取るなら、わたしたちの新しい命と新しい服従を創造する力となります。ですから、十戒の言葉を、今ここで生きるわたしたちの生と深く結びつけて受け取ることが必要です。十戒の言葉をもっと深く読みましょう。

祈ることそのものを学ぼう

十戒とは違って、「主の祈り」は教会での礼拝においても、日々の祈りにおいても用いられています。主の祈りを暗唱していない人はほとんどいないでしょう。しかし、主の祈りがその力を十分にふるっているとは言えません。十戒が忘れられていることによって無力にされているのに対して、主の祈りの方は、口先だけでみだりに唱えられることによって、やはり無力にされてしまっているように思います。ルターは言いました。「多くの人々は一年にたぶん数千回、主の祈りを祈るだろう。そのようにして千年祈り続けたとしても、彼らは主の祈りの一文字も一画も味わわないし、祈らないだろう。要するに、主の祈りは地上における最大の殉教者である」(「祈るための簡単な方法」)。これは、わたしたちにも向けられている言葉です。

弟子たちは主イエスに「祈りを教えてください」と願いました（ルカ11:1）。ここは、「祈ることを教えてください」と訳すこともできます（口語訳はそう訳しています）。主イエスは具体的な祈りの言葉を教えてくださるとともに、それによって、そもそも「祈ること」はどういうことなのかも教えてくださっています。主の祈りは祈りの学校です。わたしたちも、主イエスから祈ることそのものを学びたいと願います。主の祈りをもっと深く読みましょう。

十戒と主の祈りを深く読む

本書において、十戒と主の祈りとが併せて取り上げられていることも意味深いことだと思います。十戒で「主の名をみだりに唱えてはならない」と命じられています。それなら、主の名を正しく用いるにはどうしたらいいのでしょう。それは、祈ることです。主の御名にふさわしく祈るために、主の祈

りによって祈りの言葉が与えられています。「私をおいてほかに神々があってはならない」という神の語りかけに応じて、わたしたちは「御名が聖とされますように」と祈ります。このように、十戒と主の祈りとは響き合っています。十戒は神の語りかけであって、わたしたちに神の心を受け取らせ、主の祈りはわたしたちの応答であって、十戒に導かれて生きることを教えます。

　十戒と主の祈りを読みましょう。唱えることに終わらずに、深く読み、心で受け止めましょう。十戒を通して神の御声を聞きましょう。主の祈りによって主イエスと共に祈りましょう。

　本書に収められている文章は、もともとは説教黙想として書かれました。説教者が御言葉を黙想し、説教に向かっていくことを助けようとするものです。しかし、説教者だけでなく、広くキリスト者の皆さんに読んでいただきたいと願っています。「説教黙想」という特別な黙想があるわけではなく、黙想はいつでも、ただひたすらに御言葉を深く読むことだからです。

　十戒についても、主の祈りについても、すぐれた解説書が多く書かれています。また、説教集もあります。それらを助けにすることもできます。本書に収められた黙想は、解説書に書かれていることを十分に咀嚼し踏まえた上で、説教に向かっていくことを念頭に置きながら、まったく純粋に十戒の言葉、主の祈りの言葉と格闘しています。その意味では、もっともストレートに十戒や主の祈りの言葉そのものと取り組んでいると言えます。十戒の言葉、主の祈りの言葉そのものを繰り返して読みましょう。そして、さらに深く読むために、本書を助けとしていただきたいと願っています。

目　次

十　戒

主の祈り

＊本書は『説教黙想アレテイア』（110 号、2020 年）、同（111 号、2021 年）に掲載した説

　教黙想を、加筆のうえ書籍化するものである。

＊本書の聖書引用は『聖書　聖書協会共同訳』（日本聖書協会）に準拠する。

装丁　ロゴス・デザイン　長尾　優

十　戒

私は主、あなたの神、あなたをエジプトの地、奴隷の家から導き出した者である。

① あなたには、私をおいてほかに神々があってはならない。

② あなたは自分のために彫像を造ってはならない。上は天にあるもの、下は地にあるもの、また地の下の水にあるものの、いかなる形も造ってはならない。それにひれ伏し、それに仕えてはならない。私は主、あなたの神、妬む神である。私を憎む者には、父の罪を子に、さらに、三代、四代までも問うが、私を愛し、その戒めを守る者には、幾千代にわたって慈しみを示す。

③ あなたは、あなたの神、主の名をみだりに唱えてはならない。主はその名をみだりに唱える者を罰せずにはおかない。

④ 安息日を覚えて、これを聖別しなさい。六日間は働いて、あなたのすべての仕事をしなさい。しかし、七日目はあなたの神、主の安息日であるから、どのような仕事もしてはならない。あなたも、息子も娘も、男女の奴隷も、家畜も、町の中にいるあなたの寄留者も同様である。主は六日のうちに、天と地と海と、そこにあるすべてのものを造り、七日目に休息された。それゆえ、主は安息日を祝福して、これを聖別されたのである。

⑤ あなたの父と母を敬いなさい。そうすればあなたは、あなたの神、主が与えてくださった土地で長く生きることができる。

⑥ 殺してはならない。

⑦ 姦淫してはならない。

⑧ 盗んではならない。

⑨ 隣人について偽りの証言をしてはならない。

⑩ 隣人の家を欲してはならない。隣人の妻、男女の奴隷、牛とろばなど、隣人のものを一切欲してはならない。

(出エジプト記 20:2–17)

十戒　序論

楠原博行

十戒は「十の言葉」

十戒と通常訳される言葉は、直訳すれば「十の言葉」である。「彼（モーセ）は、板の上に契約の言葉、十の言葉（エセレット・ハー・デバリーム）を書き記した」（出エジプト記 34:28）。この言葉は、申命記 4 章 13 節、10 章 4 節にも出てくる。

七十人訳聖書（ギリシャ語訳）では「デカ（十の）・ロゴス（言葉）」であり、英語で十戒を意味する Decalogue はここから来る。

十戒ができたのは、いつ？

古典的な理解では、旧約聖書ヘブライ語正典は、紀元前 5 世紀後半から紀元 2 世紀はじめの間に成立した。十戒の成立した時代については、古代オリエントに起源を求める立場から、バビロン捕囚期以降のものとする立場まで幅広い理解が並立している。

では十戒を含むイスラエルの物語の成立時期はどうか。十戒の言葉は出エジプト記第 20 章と申命記第 5 章の二箇所に現れる。ふたつの十戒の版の存在は、モーセ五書の中のふたつの伝承によるものである。前者が祭司文書、後者が申命記と結びつく申命記伝承によっており、前者は後者よりも新しいと見られる。前者はバビロン捕囚期以降、後者も同期前後の時代にさかのぼ

ると考えられる。ただし十戒そのものは、出エジプト記や申命記の文脈に後から加えられたものであり、他のモーセ五書内の法律文よりも新しいものと考えられている。

　十戒が、最初から十の言葉からなる「原十戒」として存在していたのかどうかは不明である。より古いホセアやエレミヤなどの預言者たちの言葉に「呪いと偽り、殺人と盗み、そして姦淫がはびこり」（ホセア書 4:2）や「盗み、殺し、姦淫し」（エレミヤ書 7:9）とある。この「盗み、殺し、姦淫」といった言葉は、彼らが十戒そのものを知っていたゆえなのか、それとも十戒の方が新しいのかについても議論がある。

十戒は否定命令か、否か

　古代オリエントにすでに見られるいわゆる決疑法では、「もし」からはじまる条件文に続いて、法による結果が述べられる（例えば、出エジプト記 21:33「もしある人が水溜めを開けておいたり、あるいは、水溜めを掘って覆わず、そこに牛やろばが落ちた場合……」）。

　これに対して十戒では「あなたには、私をおいてほかに神々があってはならない」（出エジプト記 20:3）というように、条件文もなく断言的であり、個々の人に直接語りかけることにより、無条件に行うことを求めている。何よりもモーセ五書の他の法文が、「そこで主はモーセに言われた。『イスラエルの人々にこう言いなさい……』」（同 20:22）とモーセを通しての言葉として記されているのに対して、十戒は神の言葉であり、それゆえ十戒以下に続く律法（同 20:22 以下の「契約の書」他）は、十戒を行うための詳細な規定であると理解することもできる。

　では十戒はどのような性質の言葉であるのか。二人の日本人研究者の理解を紹介する。

　鈴木佳秀は「私は主、あなたの神……」（出エジプト記 20:2; 申命記 5:6）と十戒の冒頭で宣言する神が、「聞き手に戒めを守るように勧め、応答を促している」（『旧約聖書を学ぶ人のために』245 頁）と言う。

　新共同訳や聖書協会共同訳が「……してはならない」と訳す言葉は、ヘブ

ライ語原文の原意を酌むならば「あなたが……することはありえないのだ」という意味に近いと鈴木は説明している。「十の戒めは絶対的な服従命令ではない。ヘブライ語には否定命令形がそもそも存在しないので、（否定辞と未完了形動詞でもって）禁止命令として表現される。これは聞き手（読み手）の自発的な応答を求めた文体である。ある禁止すべき事柄を限定し、そこに一線を画し、それを越えない限りは、他のすべてが許されており、自由に、また自主的に生きうるという拡がりを持つものなのである。これが旧約聖書の律法の一大特徴である教示（instruction）としての特質にほかならない」（同書 246–247 頁）。

　他方、大住雄一は、近年の十戒理解において「命令ではない」というところばかりが独り歩きしてしまっていることを憂慮する（『神のみ前に立って』220 頁以下）。「十戒を人間の自由から説明し始めてしまうと、どうもそこにせっかく呼びかけていらっしゃる神さまがいなくなってしまうように思うのです」と。

　大住は言う。「ヘブライ語の十戒の言葉は文法的には未完了動詞です。それは『〜をしない』『〜をしないはずだ』と訳すべきではありません。その未完了の形というのは命令を表すのです。だから、やはりきちんとテキストを読んだら、これは命令なのだということをわきまえないといけません。もしかすると、先ほど触れたように、神さまとの関係が先にあって、それで私たちのあり方が決まっているのだということを強調するために言ったことが、『これは命令形ではない』というところばかりが独り歩きしてしまったのかもしれません」（同書 222–223 頁）。

　この二つの見解を踏まえて、我々はどう十戒を読むとよいだろう。鈴木と大住の十戒理解を対立しているものと捉えるよりも、二人が共に重視している点に注目したい。

　十戒を見る時に大切なのは、出エジプト記の文脈で読むことである。出エジプト記 19 章で民はシナイ山に着く。その山で神がモーセに顕現し、「それゆえ、今もし私の声に聞き従い、私の契約を守るならば、あなたがたはあらゆる民にまさって私の宝となる」（5 節）と告げる。モーセが民のもとに

戻り、それを伝えると、民は「私たちは、主が語られたことをすべて行います」（8節）と答える。こうしてモーセが山を登り下りして神と民とを結んだうえで、20章の十戒の授与に至る。つまり神顕現と十戒授与が密接に結びついているのである。

大住は「まず主が招いてくださるのだから、私たちはそれに従ってみよう。主が私たちに行くべきところを示して、こうしなさいと命じてくださるのだから、それに一度従ってみよう。……主なる神の前に、その招きに従って出てみましょう。命令はやろうとしてみて意味が分かるのです」（前掲書224頁）と述べている。十戒の前提にあるのは、主なる神がご自分を示してくださり、私たちを招いてくださることである。この点は鈴木の十戒理解の土台でもあり、我々の十戒理解の基礎もここにある。

この点を踏まえると、十戒は出エジプト記の物語の中心であり、また旧約聖書の核心であるとの指摘は正しい（Durham, *Exodus* (Vol. 3), p. 299）。それはまた、マタイによる福音書第5章以下の山上の説教が主イエスによる新しい十戒の付与と呼ばれることとも重なってくる。

十戒の本文に注目

以下に、十戒の翻訳におけるいくつかの留意点を挙げる。ゴシック体で最初に掲げるのは、出エジプト記20章の私訳である。

3節　あなたには、わたしの前に、ほかの神々があってはならない。

新共同訳、聖書協会共同訳、岩波書店版（木幡藤子・山我哲雄訳）は以下のように訳している。

新共同訳「あなたには、わたしをおいてほかに神があってはならない」

聖書協会共同訳「あなたには、私をおいてほかに神々があってはならない」

岩波版「他の神々が、あなたのためにわたしの面前にあってはならない」

「神々」の原語はエロヒームで複数形である。単数形の「神」と訳すこともできるが、多くの翻訳は複数形で訳している。

　「わたしの前に」は直訳すれば「わたしの顔の前に」であり、七十人訳や
シリア語訳他は「わたしに加えて」と訳す。
　神の啓示に触れた者に対して、主なる神と共に他の神々を並べることが厳
しく戒められている。

　4節　あなたはあなたのために刻んだ像を造ってはならない。上は天にあ
るものであろうが、下は地にあるものであろうが、地の下の水の中にあるも
のであろうが、いかなる像も。
　「像」という訳語が二回出てくるが、原語は異なる。最初の「刻んだ像」
の原語ペセルは、「木、石を刻んで造った、あるいは金属を溶かして造った
神の像」（HAL）を意味する。二回目の「像」の原語はテムナー。例えばル
ター訳は、前者をビルドニス（像）、後者をグライヒニス（似姿）と訳し分け
ている。

　5節　あなたはそれらにひれ伏したり、それらに仕えたりしてはならない。
わたしは主、あなたの神。熱意あふれる神。
　「熱意あふれる（カナー）」は、「熱情の」（新共同訳）、「妬む」（聖書協会共
同訳）、「熱愛する」（岩波版）などと訳されている。「嫉妬深い」（他の神々に
言及する場合）や、「懸命に目標を目指す」との訳もある。民に対する神の愛
の激しさを表す語である。

　7節　あなたの神、主の名をみだりに口にしてはならない。みだりにその
名を口にする者を主は罰せずにはおかれない。
　新共同訳、聖書協会共同訳も「みだりに」と訳すが、聖書協会共同訳で
は「空しいことのために」という直訳が挙げられている。原語シャヴェーは、
「いたずらに、不用意に、（魔術的儀式や誓いの際に）悪い仕方で名前を濫用
する」（HAL）との意味である。

　8節以下については申命記版十戒（5:6-21）との差異に注目する。

8 節　安息日を心に留め、これを聖別せよ。

「心に留め（ザーカル）」は申命記 5 章 12 節では「守る（シャーマル）」となり、さらに後に「あなたの神、主が命じられたとおりに」と続く。

10-11 節　七日目は、あなたの神、主の安息日であるから、いかなる仕事もしてはならない。あなたも、あなたの息子も、あなたの娘も、あなたの男奴隷も、あなたの女奴隷も、あなたの家畜も、あなたの町の門の中のあなたの寄留者も。実に、六日で主は天と地と海とそこにあるすべてのものを造り、七日目に休まれたから、主は安息日を祝福して聖別されたのである。

申命記版では「あなたの家畜も」は「あなたの牛、あなたのろば、あなたの家畜すべても」であり、また最後に「そうすれば、あなたの男奴隷とあなたの女奴隷もあなたと同じように休むことができる」が加えられる（申命記 5:14）。

安息日の規定における出エジプト記版と申命記版との一番の相違は、安息日遵守の理由づけである。出エジプト記版は天地創造において神が七日目に休まれたからであるのに対し、申命記版では、エジプトでの奴隷状態からの救出が根拠となっている。「あなたは思い起こさねばならない。あなたはエジプトの地で奴隷であったが、あなたの神、主は、そこから、力ある御手と伸ばされた御腕により、あなたを導き出されたことを。それゆえ、あなたの神、主は安息日を守るよう命じられたのである」（同 5:15）。

12 節　あなたの父、あなたの母を敬え。あなたがあなたの日々を長らえるために。あなたの神、主があなたに与えられる地において。

申命記版では「敬え」の後に「あなたの神、主が命じられたとおりに」が加えられ、最後に（「日々を長らえる」の他に）「またあなたがうまくいくように」と二つ目の結果が言及される（同 5:16）。

十戒と教会

律法の朗読がなされたユダヤの礼拝は別にして、初代キリスト教会の礼拝

において十戒がどのような役割を果たしたかは不明であるが、礼拝の中で、また信仰教育で用いられたことには意見の一致がある。その伝統の中、ローマ・カトリック教会では十戒の「法」の側面が特に強調され、信仰訓練に用いられてきた。しかし現在のカトリック教会においては十戒は救いにいたる自由への道とされる。教皇フランシスコは、2018 年の一般謁見演説で十戒に関する連続講話を行い、キリスト者になることは自由への旅路を行くことであり、十戒は人を利己主義から解放すると述べた。

　1529 年の宗教改革者マルティン・ルターによる小教理問答は、十戒、使徒信条、主の祈り（三要文）と、洗礼、聖餐について、家庭内での学びの書として記されたものであった。当時の領民の信仰知識の危機的状況を見て、平易な言葉で信仰の要点をまとめたのである。小教理問答の中で十戒すべてについてルターは記している。「神はこれらの戒めに違反するすべての者を罰すると警告している。それゆえ、われわれはその怒りをおそれるべきであり、戒めにそむく行いをすべきではない。しかし神はこれらの戒めを守る者には恵みと限りない慈しみを約束されており、それゆえ、われわれは神を愛し、信頼し、その戒めに従って喜んで行うべきである」。

　特に十戒を礼拝式の中で重んじる伝統は、宗教改革者ヨハンネス・カルヴァンと結びつけて語られる。しかしカルヴァンがジュネーヴを初めて訪問した時、教会は後の盟友ギヨーム・ファレルの手による礼拝式を用いており、1533 年にすでにファレルはフランス語の改革派教会の礼拝規則を仕上げていた。カルヴァンも用いた 1538 年にジュネーヴで出版された改訂版による日曜日の礼拝式は、執り成しの祈り、主の祈り、説教、勧告、十戒からなっていた。さらに聖餐の礼拝式が勧告から始まり、罪の告白、主の祈り、信仰告白、赦しの宣言、制定語、勧告、聖餐への招き、分餐、勧告、祝福という形であった。同年の「ジュネーヴ市の大学での教育の順序と方法」にも授業を終えた学生たちが、夕方、大広間に集まり、フランス語の十戒、主の祈り、使徒信条を声に出して唱え、その後全員が夕食につくことが記されている。

　1538 年ストラスブールに避難を余儀なくされたカルヴァンはフランス人難民教会で働き、そこで自身の礼拝理解を発揮することになる。彼はスト

ラスブールの礼拝の形を基本的に受け入れつつ、それを発展させる。礼拝は
招きの言葉で始まり、罪の告白、聖書による慰めの言葉、赦しの宣言があり、
これに続く賛美歌の中で十戒が歌われた。礼拝式はさらに祝福、祈り、賛美
歌と続き、献金とともに主の祈り、説教となる。これが1542年のジュネー
ヴ教会の礼拝規則になると最初の賛美歌は詩編歌となり、説教に続く賛美歌
で十戒が歌われることになる。

　ジョン・ノックスの「ジュネーヴ礼拝規定書」を経て、カルヴァンの礼拝
理解はさらに引き継がれる。日本で最初のプロテスタント教会の伝道を開始
したのもカルヴァンの伝統に立つ改革派教会であった。1877年3月5日札
幌における、ウィリアム・スミス・クラークの「イエスを信ずる者の誓約」
においては前半で「われは信ず」と信仰が語られるが、後半は「次の戒めを
忘れず、これに従うことを約束する」と十戒の履行が誓約されたのである。

　十戒そのものが偶像禁止を告げるがゆえに存在した興味深い例が、フラン
ス改革派ユグノーの教会において「像の代用品として」重要な役割を果たし
た十戒銘板である。木や石あるいは大理石に十戒が二段に刻まれ、教会共同
体の中心的な場所である説教壇の上に置かれた。ユグノーへの迫害を生き延
びたフランス最古の十戒銘板は、使徒信条と主の祈りの銘板と共に礼拝堂の
壁画として保存されている。改革派の伝統のもと共同体の指導のために用い
られたのである。十戒への高い評価は今日の改革派教会に受け継がれ、使徒
信条と主の祈りと共に日曜日の礼拝の中に確かな場所を得ている。

　例えばアメリカ改革派教会の礼拝式文（1987年）では、礼拝の始まりの部
分で、罪の告白の祈りと赦しの宣言に続き、十戒を唱える（もしくは歌う）
ようになっている。これはカルヴァンのストラスブールでの礼拝式を思わせ
る順序であり、罪赦された会衆が新しく生きるための指針として十戒を受け
取っているのである。

十戒の受容

　彫刻なら角のあるモーセで有名なミケランジェロ、絵画なら石板を砕く直
前のモーセを描いたレンブラントによる有名な作品がある。よく知られてい

るセシル・B. デミルの映画「十戒」の中に、モーセと反逆したダタンとの間に次のような会話がある。

ダタン「われわれはお前の戒めによって生きることはしない。われわれは自由なのだ！」

モーセ「法によらない自由はない！」

——と自由とは何かということが問われている。

日本で十戒と言えば、葦の海の奇跡が強調される印象があるが、若い人たちから教えていただいた欅坂46の「サイレントマジョリティー」という曲。そこでは、海を割るモーセを模した振り付けがあり、「君は君らしく生きていく自由があるんだ　大人たちに支配されるな」とやはり自由が主題となっている。

フランス・ミュージカルが十戒を主題にしてヒットさせたのも興味深い。日本でも2005年に上演されたミュージカル「十戒」では、モーセはファラオとは愛し合うが引き離される兄と弟として描かれ、別離のクライマックスが海の奇跡の場面となる。解放された民は自由を謳歌するが、金の子牛の事件で挫折する。ここでは十戒が再出発のための、人生を再び築き上げるために与えられる神の言葉として描かれている。主題は愛となり、最終曲「愛したくて」は、「私たちが、愛は与えるものということを知れば、それがまた人を愛する想いを生むだろう」と歌う。

信仰者による十戒

十戒をひたすら愛のメッセージとする現代的な理解は、神学的に議論があるかもしれないが、昨今、新型コロナウイルス感染症の蔓延化で隣人愛を強調する十戒が重要視され、コミュニティの中での生活の手がかりとされてきたことは確かである。

例えばドイツ、フランクフルト福音主義アカデミー所長トルステン・ラツェルは、2020年に「コロナ時代の十戒」を発表した。これは、ルターが、信仰者なら新しい十戒を作ってよいと言ったことに基づいている。「確かに、われわれは新しい十戒を作れるだろう。パウロが手紙の中で行い、ペトロも、

何よりもキリストが福音書の中で行われたことである。これらの十戒はモーセの十戒よりわかりやすい。モーセの顔よりもキリストの御顔がより輝いていたように」（ルター「信仰と法についてのテーゼ」1535年）をよりどころとしたのである。

　その「コロナ時代の十戒」の冒頭は愛の戒めからはじまる。「第一戒　あなたは隣人を愛さなければならない。だから彼らに近づきすぎてはいけません……今それは命にかかわり得るのです」。

参考文献

加藤常昭『十戒・ルターの小教理問答』（加藤常昭説教全集28）教文館、2006年

大住雄一『神のみ前に立って――十戒の心』教文館、2015年

W. H. シュミット『旧約聖書入門　上』木幡藤子訳、教文館、1994年

鈴木佳秀「契約と法」、『旧約聖書を学ぶ人のために』並木浩一・荒井章三編、世界思想社、2012年

鈴木佳秀『VTJ 旧約聖書注解　出エジプト記19～40章』日本キリスト教団出版局、2018年

Károly Fekete, „Gottesdienstordnungen bei Calvin," Reformiertes Kirchenblatt 86, Nr. 11 (2009): 4-5.

J. I. Durham, *Exodus* (Vol. 3), Word Books, 1987.

O. Kaiser, Grundriss der Einleitung in die kanonischen und deuterokanonischnen Schriften des Alten Testaments, Gütersloher Verlagshaus Gerd Mohn, 1992.

文中略称 HAL：L. Koehler, W. Baumgartner, M. E. J. Richardson, J. J. Stamm, *The Hebrew and Aramaic Lexicon of the Old Testament*, E. J. Brill, 1994-2000.

十戒　前文

私は主、あなたの神、あなたをエジプトの地、奴隷の家から導き出した者である（出エジプト記20:2）

小泉　健

契約の言葉

エジプトの地から解放されたイスラエルの人々は、荒れ野を旅してシナイ山に到着した（出エジプト記19章）。ここで、神とイスラエルの間に契約が結ばれることになる（同24章）。その契約とは、イスラエルが神にとって「私の宝」となり、「祭司の王国、聖なる国民」となるというものである（同19:5, 6）。

では、神はイスラエルにとってどなたなのか。そのことは、契約が結ばれるよりも前にすでに現され、実行されている。すなわち、イスラエルをエジプトの国から救い出してくださったこと、そして荒れ野の中にあっても「鷲の翼の上に乗せ、私のもとに連れて来たこと」である（同19:4）。神が神であられるとはそういうことである。

十戒の言葉そのものの構造もそうだが（この点については後述）、契約の締結においても、神の恵みが先行している。

イスラエルがすぐれているから、あるいはイスラエルが何事かを成し遂げ

たから、あるいはイスラエルが従順であったから、だから契約の相手として認められ、契約を結んでいただけるのではない。契約の締結に先立って、神がイスラエルを選び、奴隷の家から救出し、荒れ野では天からのパンを降らせ、水をほとばしらせてイスラエルを養ってくださった。すでに神の強い御手の中に置かれている者たちが、神との関係を確かにし、神の恵みにふさわしく生きるために契約を結ぶ。その契約を形作るのが、十戒を中心とする神の言葉である。

語りかけられ、応答して生きる

「契約」は神と神の民との関係を表す言葉である。契約の土台には神の言葉がある。神の民の生に対する神のご意志を言い表した言葉である。契約の民はこの神の言葉に従って生きることが求められている。

> 「今もし私の声に聞き従い、私の契約を守るならば、あなたがたはあらゆる民にまさって私の宝となる」（同 19:5）。

ここで、神の「契約を守る」ことと並んで、神の「声に聞き従う」ことが語られ、しかも先に告げられていることに注目したい。契約を守るとは、書き記された掟を遵守することであるのにまさって、神の「声」を聞くこと、すなわち、日々新しく神の生きた語りかけを聞き、神との交わりを持ち、生きておられるお方にお従いして生きることである。

すでに出エジプト記 16 章でマナを与えられている。それは「人はパンだけで生きるのではなく、人は主の口から出るすべての言葉によって生きるということを」知らせるためであった（申命記 8:3）。そしてそのマナは朝ごとに、その日に必要な分を集めなければならなかった。それは、昨日聞いた神の言葉によって生きることはできず、朝ごとに新しく神の言葉を聞き続けなければならないことを知らせるためであったに違いない。

神の言葉が「文字」になり、「書き記された掟」になり、その文字に従うことを自分の義とするときに律法主義に陥る。律法主義は「行いによる義」

というだけではない。文字だけを重んじて、それをお語りになった神の心を思わない。語りかけてくださるお方の「声」を聞かない。そうやって、生きておられるお方との交わりを失うときに、律法が歪められ、律法主義に陥るのである。

　神の契約の民であるとは、神との生きた交わりを持ちながら生きることである。このことは、申命記において十戒が語られる際にも、改めて確認されている。モーセは四十年の荒れ野の旅を経た民に語る。

　　「私たちの先祖とではなく、まさに私たちと、今ここで生きている私たちすべてと、主はこの契約を結ばれた。主は、あなたがたと山で、火の中から顔と顔とを合わせて語られた」（同 5:3–4）。

　神との契約はいつでも神と「今ここで生きている私たち」との契約である。そしてそれは、「顔と顔とを合わせて」語り合う、生きた交わりなのである。十戒の言葉はいつでも、今ここにご臨在くださり、御声を響かせてくださるお方の生きた語りかけとして聞かなければならない。

十戒における前文の位置づけ

　神が語りだされる。口を開き「私は」とお語りになる。ご自分がどなたであるかを啓示してくださる。この部分を「前文」と呼んだり、第一戒に数えたりするが、いずれにせよ、この部分が十戒の語り出しである。

　ここで神は自己紹介をされ、さらにわたしたちとの関係をお示しになる。その点で、この言葉はヨハネによる福音書に見られる主イエスの「エゴー・エイミ」文に似ている。主イエスが「私は良い羊飼いである」、「私はぶどうの木である」、「私は道である」などと言われるとき、主イエスは単なる自己紹介をしておられるのではない。むしろ、わたしたちとの関係においてどなたでいてくださるのかを示しておられる。十戒の冒頭の言葉もそうである。神は初めから、わたしたちとかかわり、わたしたちのためにお働きくださるお方としてご自身を示しておられる。

　このことは、すでに述べたように、契約の締結に先立って、すでにエジプトの地からの救出と、荒れ野の旅における保護がなされていることと対応している。ここでも、神の恵みが先行している。わたしたちが律法に従順であったら、神の十の言葉を守ることができたら、それを条件にして、神はわたしたちの神になってくださり、わたしたちは神の民として認められる、というのではない。神との関係は報酬として与えられるのではない。まったく逆である。一方的な恵みによって神の民とされてしまった者たちに、十の言葉が与えられる。

　神は神であられる。神が神であられるとは、神が救いの神であられるということである。わたしたちなしに存在しようとはなさらないということである。わたしたちを捨ててしまうことがおできにならないということである。そのことがまずはっきりと宣言される。神の十の言葉を受け取るのは、一方的な恵みによって救われ、神の民とされてしまった者たちである。だから神の十の言葉は、救われた者の「全生活にわたる感謝」（ハイデルベルク信仰問答）を形作る言葉なのである。

「私は主」

　「アノーキー・アドナイ」。神はまずご自身の御名をお告げになる。「YHWH」との聖四文字が使われている。このお名前の意味を受け取るために、十戒の仲立ちをしているモーセに神がご自身を現してくださり、ご自身の御名をお示しくださった場面を開きたい。

　殺人を犯してエジプトから逃亡したモーセはミデヤンに逃れ、そこで羊を飼っていた。ある日モーセは燃える柴に導かれて道をそれ、神に出会うことになった。神はモーセを遣わし、イスラエルの人々をエジプトから導き出すという使命をお与えになる。そこでモーセはイスラエルの人々のもとに行ったときに告げることができるようにと、神の御名を問うた。神はお答えになった。

　「私はいる、という者である」（出エジプト記 3:14）。

　「エフエー・アシェル・エフエー」と言われている。「アシェル」という関係詞を真ん中にはさんで、同じ動詞の同じ形が繰り返されており、たいへん不思議な言葉である。関係詞が使われているので、英語などの欧米語のほうが言葉の構造を反映しやすい。いろいろな訳が試みられているが、代表的な訳は以下のようなものである。

　　I AM THAT I AM.　……KJV, REB
　　I AM WHO I AM.　……NKJV, NASB, NIV, NRSV

　ドイツ語でも、Elberfelderbibel、カトリックの統一訳、Herder 社の聖書などが同様の訳し方をしている。

　　Ich bin, der ich bin.

　それに対して、ルター訳やチューリヒ聖書は未来形で訳している。

　　Ich werde sein, der ich sein werde.

　日本語でも生成の意味を込めた訳がある。

　　「わたしはなる、わたしがなるものに」（木幡藤子・山我哲雄）。

　この御名に、実在や生成の意味だけでなく、「共にいる」（同 3:12）という意味を読み取る理解もある。

　　「わたしがいるのだ、確かにいるのだ」（左近淑）。
　　「私だ。そうだ、私だ」（大住雄一）。

　主イエスの弟子たちが彼らだけで舟に乗り、湖を渡って行ったことがあった。逆風のために漕ぎ悩み、しかも主イエスがどこにおられるのかわからなかった。主イエスが近づいてきてくださっても、それが主イエスだとはわからず、かえっておびえた。そのときに主イエスは弟子たちに告げてくださった。

　　「安心しなさい。私だ。恐れることはない」（マルコ 6:50）。

　主イエスは「私だ（エゴー・エイミ）」と言われる。「わたしはいる」と言われる。「わたしはあなたのためにここにいる」と言われる。
　「主（アドナイ）」と呼ぶことになっている神の御名にはこのような意味が込められている。神の御名そのものがすでにわたしたちへの語りかけである。慰め深い呼びかけである。神は近づき、ご自身の御名を告げてくださる。

「あなたの神」

　「私は主」との神の御名の啓示にすぐに続いて、「あなたの神」と加えられる。「主（YHWH）」というお名前がすでにわたしたちへの語りかけだが、それに続いて、神ははっきりと「あなた」と呼んでくださる。神であられることは、果てしなく大きく、果てしなく重く、果てしなく高いことである。神が神であられることに、どうしてわたしやあなたが位置を持ちうるだろうか。それなのに、神は「あなたの神」であることを恥となさらない。それどころか、あなた抜きのままに神であろうとなさらない。「わたしがいるのだ」という御告げを御名にする方は、また「あなたの神」としてお立ちくださる。
　わたしたちは祈りにおいて、そして祈りにおいてこそ、神に向かって「あなた」と呼びかける。「わたし」と「あなた」の関係に入る。「わたしの主よ」と呼び、「わたしはあなたの僕です」と告白してひざまずく。「わたしの父よ」と呼び、「わたしはあなたの子です」と告白して手を差し伸べる。では、「わたしの神よ」と呼ぶとき、わたしたちは何者として神の御前に立つ

のだろうか。神との契約の中に入れられた、「神の民」としてである。「祭司の王国、聖なる国民」としてである。そして何よりも神の「宝」としてである（出エジプト記 19:5）。

「宝」だから、神はわたしたちに告げてくださる。

　　「あなたは私の目に貴く、重んじられる。
　　私はあなたを愛するゆえに
　　人をあなたの代わりに
　　諸国の民をあなたの命の代わりに与える」（イザヤ書 43:4）。

　このように言われる神は、それどころかご自分の命よりもわたしたちを貴いと言ってくださり、わたしたちの代わりにご自分の命を与えてわたしたちをお救いくださった。「あなたの神」とは、「あなたのために十字架で命を捨てる神」である。深い畏れと喜びを覚えずにはいられない。
　祈りは、わたしたちが口を開き、神の御名を呼ぶことによって始まるのではない。神が語りかけ、「私はあなたの神」と告げてくださることによって、はじめて成り立つのである。

「あなたを導き出した者」

　「私だ」と言われ、「あなたの神」と告げてくださるお方は、さらに、わたしたちの神として何をしてくださったのかをお語りになる。「あなたをエジプトの地、奴隷の家から導き出した」。
　神の御業は数限りなくあろう。わたしたちと直接かかわることだけを考えても、わたしたちを創造し、命を保ち、日々の糧を与え、手のわざを祝福していてくださる。しかし神はご自分の御業を「救済」という一点でお語りになった。「あなたを救う者、あなたを解放する者、そしてあなたを導く者だ」。
　神は自由な恵みをもってわたしたちを選び、わたしたちを見つけ出し、わたしたちの叫びを聞き、痛みを知ってくださり（出エジプト記 3:7）、罪と死の奴隷とされていた家からわたしたちを導き出し、神の国の相続人にしてく

ださった。そしてこの後、救われた者の感謝の生活を導く言葉をお語りくださる。

　神学者ロッホマンは十戒によるキリスト教倫理の本を書き、その題を『自由の道しるべ』とした。十戒は束縛する言葉、重荷を負わせる言葉ではない。奴隷の家から解放してくださったお方が自由を与える言葉である。再び奴隷の軛（くびき）につながれることなく（ガラテヤ 5:1）、キリストによる自由の中を歩み続けるための道しるべなのである。

さらに深く味わうために

　十戒前文には、エジプトからの救済の出来事全体が込められている。それゆえ、出エジプト記 1 章から 19 章が語っていることを一つ一つ思い起こしながら、十戒前文を味わいたい。神の救済の御業を自分のための救いの御業として受け取ることによってこそ、十戒前文の意味を捉えることになるのである。

　エジプトの地、奴隷の家からの救済は、主イエスの十字架による罪と死の奴隷状態からの救済の予表である。「わたしがいるのだ」との呼びかけ、「あなたの神」という直接の関係、そして救出の御業は、ことごとく主イエスによって実現し、わたしたちに与えられている。旧約聖書と新約聖書はいつでも響き合いつつ、一人の神の御業を語っている。ここで自己を表していてくださるお方は、父・子・聖霊の三位一体の神であられることを、片時も見失ってはならない。

　十戒が語られるのに先立つ箇所（出エジプト記 19 章、申命記 5:1-5）は、荒れ野を旅する神の民に十戒を聞く準備をさせているだけでなく、わたしたちが十戒を聞く準備にもなる。神顕現に接すること、神の御前に立つこと、神との間に「わたし」と「あなた」という人格的な関係を持つこと、そしてこのわたしに向けられている神の御心を受け取ることである。

　神が命令してくださる。それは、神がわたしたちの生に対してはっきりした御心を持っていてくださり、わたしたちに期待していてくださり、わたしたちと共に歩み続けようとしていてくださるということである。だから、命

令の言葉は喜ばしい言葉である。律法の意味であり内容であるのは福音である。律法は福音の形式である（バルト「福音と律法」）。十戒の個々の言葉を読む前に、前文を味わうことを通して、神の命令が喜びの響きで聞こえてくるようになりたい。

参考文献

『出エジプト記　レビ記　〈旧約聖書Ⅱ〉』木幡藤子・山我哲雄訳、岩波書店、2000 年

左近淑『混沌への光——現代に語りかける旧約聖書』ヨルダン社、1975 年

大住雄一『神のみ前に立って——十戒の心』教文館、2015 年

J. M. ロッホマン『自由の道しるべ——十戒による現代キリスト教倫理』畠山保男訳、新教出版社、1985 年

カール・バルト「福音と律法」、『カール・バルト著作集 5』井上良雄・吉永正義訳、新教出版社、1986 年

ヴァルター・リュティ『十戒——教会のための講解説教』野崎卓道訳、新教出版社、2011 年

第一戒

私をおいてほかに神々があってはならない（出エジプト記 20:2）

高橋　誠

はじめに

　十戒に巡るのが、神御自身の愛とそれへの応答を求める御心であることが見えてくるようになれば、どんなに幸いだろうか。戒律めいて捉えられることが多いからである。ルター派やカトリック教会の数え方では、私たちが第二戒としているものまでを第一戒として数えている。そう数えるとすでに第一戒で「妬む神……私を愛し、その戒めを守る者には……慈しみを示す」と語られることになり（出エジプト記 20:5–6）、神の愛の関連が明瞭になる。ルターの小教理問答での十戒についてのどの答えも「わたしたちは、神を恐れ、愛すべきです」という言葉で始まっているように、神への愛が求められているのである。そして最後に「めぐみとさいわい」の約束を思い起こさせ「それゆえ、わたしたちもまた、神を愛し、信頼し、神のいましめにしたがって喜んで行動すべきです」と語る（『小教理問答書』13 頁）。十戒が神にむけた愛の応答だと示すのである。

　十戒の愛の関連が欠落すると戒律めき、それが保持されると、人間の本音が神の戒めに占領されるような、豊かで深い意義が獲得される。その際に

は、十戒は違反と罰の恐れとしてではなく、赦しと生きるべき方向を示すものとして受けとめられるようになる。第一戒には、すでにヨハネの言う「神は愛です」（Ⅰヨハネ 4:16）が聞こえる。ヨハネも愛と同時に戒めを語る（同 4:21）。この愛が、十戒にも、それへの違反を重ねるイスラエルに対する神の行動にも、そして御自身の御心そのものであるキリストを与えたことにも、貫かれている。愛の神が、愛のゆえに人間に戒めをお与えになる。戒めと愛は不可分である。

　そう考える時に、その神の愛に対して、愛をもって応えようとしない人間の不自然さ、罪深さが改めて浮き彫りになる。ルターが大教理問答で第一戒を語る時に、くどいと思うほどに神への信頼ということを繰り返す。それは、それほどまでに神への信頼に対して砕けてしまっている人間の姿を物語るからである。なぜ、そのように神に対して信頼を弱めてしまうのか、その病理とも言うべきことについて考えることは、神への信頼をうつろにして悩む信仰者の心を明らかとする。そこから神への信頼を回復する道筋が、私たちの強靱な信心ではなく、疑いに揺らぐ人間に愛を注いで、神が信頼を勝ち取ってくださることにあることも考えてみる。

1、戒めに込められた愛を見逃す人間
　「ほかに神々があってはならない」（出エジプト記 20:3）は、神の強い愛から語られている言葉である。というのは、このあと第二戒において、妬む神として御自身をあらわされるが、妬みとは愛の強いあらわれであるからである。この神の愛の強さとは、神をほかにして生きられない人間に向かい合ったところに生じている。その愛に応じないことは、危機であり、悲しみであり、それゆえに怒りともなる。

　その真剣な神の前で、人間は神の愛以外にも生きるべき場があると考える。そのようなどこかのんきな人間には、神の愛の真剣さの理由は理解されない。この人間の姿は、信仰の有る無しにかかわらず人間の一般的な姿である。信仰のない者にとっては、神の愛の戒めを欠くことは迷いや悲しみとして経験されるが、信仰を問題にする神の民にとっては、神の愛から出た戒めが重荷

として経験されるという、独特の様相を見せる。愛に気づかずただ重荷としてだけ受けとめられる戒めは、人間にとって窮屈なものになる。

　筆者が十戒を説く時に、十戒を「良く生きる秘訣」と言い換えることがある。極めて良い世界（創世記1:31）へと人間を送り出された神は、同時にその世界を良く生きる道をも与えておられることを知ってほしいという願いである。改めて、そうアピールせねばならないのは、やはり十戒が人間を拘束する戒律のようにだけ感じられることがしばしばだからである。ほかにもっと良い生き方があると考えられると、神から与えられる生き方を心の底から良いものとして受けとめることができない。

2、ただひとつのいのちのありか

　そうした姿は、あのルカによる福音書第15章の「いなくなった息子のたとえ」に登場する真面目な兄の姿の中にもある。父の家で生きることを弟は窮屈だと考え、家を飛び出すのであるが、しかし父の家での暮らしが窮屈だと思う点においては、兄もまた同じであることがわかる。弟が帰ってきた時に、兄はこう言う。「このとおり、私は何年もお父さんに仕えています。言いつけに背いたことは一度もありません」（ルカ15:29）。こんな窮屈な父の家での暮らしを辛抱した自分をもっとほめるべきだ、という発言である。父に仕えることが、ほめられるべき殊勝なことと考えられている。つまり、人間の生き方にはいろいろ選択の余地があり、弟が選択したような別のより低次な生き方もあるが、自分は「言いつけ」（戒め）に背かない、より窮屈だけれどもより高い生き方を選択したという風に兄は考えている。そこにあらわれるのは、父への秘められた敵意である。

　「人間はできる限りの苦労をして律法を満たそうと努力しているまさにそのときに、むしろ律法がなければよいのにと願っていることをルターは知っている……善い行いはその背後に人間がありのままの自分を神に対して隠す隠れ糞である。律法は牢獄のようなものであり、われわれはその中に閉じ込められている。そのような律法に強制され抑えつけられている人間は、神が神としてあることを全く望みえず、むしろ神が存在しないこと、また自分が

神であることを望まずにはおれない」(イーヴァント『ルターの信仰論』68 頁以下)。

　ありのままの人間は隠されているのであるが、しかし密かにそのありのままの人間として生きることができる別の道も存在すると考えているのである。本音では、律法の牢獄の外に出た時に良く生きられると夢想する。「神が神としてある」とは、自分のいのちのすべてが神によっていることを受けとめることである。実のところ、弟は父の家を離れた世界で「死んでいた」(ルカ 15:32) のであり、父の家の外には真実ないのちはなく、それは父の家にしかないのである。兄にこのことがわかっていれば、死の世界からいのちの家に帰ってくるという、それ以外にない選択をした弟の帰還を、父と一緒に喜ぶはずなのである。兄の言葉にあらわれるのは、神を神とすることに対しての否であり、神への敵意ですらある。

　世界はこの神を神とすることを失って、いのちそのものを弱めていると言うべきだろう。人間が神を離れたところでどんなに悲惨を経験するか。メディアが伝える知らせの中に見えるのも、神を失い、愛を失った世界である。コンプライアンスが声高に叫ばれるのは、愛を失った無法の混乱があるからである。一見自由な世界であるが、神の愛の関わりの中で与えられた戒めを忘れた悲しみの世界である。そうした事例は、毎日の報道の中に際限なく見出せる。そうすると、信仰に生きる者は、世界が差し出す多様な生き方の一つとして、神を信じその戒めを守る生き方を選択するのではない。混乱と悲しみに追い立てられつつ、神の戒めを感謝と喜びをもって受け入れて生きるほかにない。

　聖書協会共同訳が訳出する第一戒もそのことが読めるように訳されている。口語訳が「……なにものをも神としてはならない」としていたのが、新共同訳では「わたしをおいてほかに神があってはならない」と訳されたのを聖書協会共同訳も踏襲し、原文における意味合いが訳出されている。口語訳の場合、何を神とするかは人間の選択にゆだねられているようにも読めてしまう。2 節の前半で「私は主」と語られ、そこでこそ「あなたの神」と語られているように、「私」(神) と「あなた」(人間) の関わりは排他的である。これ

は、一神教か多神教かという教義の選択の問題ではなく、私たちの存在の仕方についての言及である。私を創造し給うたいのちの源であり給う神がおられ、その方がそれ以外ない生き方へと御自身の戒めにおいて招いておられるということなのである。例えば、求道時に、様々な宗教の選択を考えている場合もあるが、入信する時に、ほかの神々がある中で、自分はキリスト教の神を選択するというのでは、信仰は成り立たない。この方以外に神はないという信仰が求められる。神を信ずるということは、そこから歩み出す生の全体がこのただひとりの神の言葉の中にあることを受けとめることである。

3、愛の対話としての戒め

　文語訳の「汝、我面の前に我の外何物をも神とすべからず」という言葉に触れて、加藤常昭師は次のように語っている。

　「(竹森満佐一牧師の講演によって)私どもはひとつのラテン語を覚えました。それは〈コーラム・デオ〉という言葉です。『神の面前で』、『神のみかおのまえで』という、やはり同じような意味の言葉です。この言葉をカルヴァンが愛しまして、竹森先生は、このカルヴァンの伝統……に生きる者は、この〈コーラム・デオ〉という言葉を、生活の標語、モットーのようにして生きるべきであるということを教えてくださいました。これはこころに残る言葉でありました。カルヴァンが『神の面前で』というこの言葉をどこで知ったかというと、これはよく分かりません。しかし、ひとつは明らかにこの第一の戒めによるのではないかと思われます。『わたしの面の前で』、それを『神のみ面の前で』と言い換えたのではないかと思うのです」(『十戒・ルターの小教理問答』43頁以下)。

　神のみ顔の前でというのは、恐怖のゆえに悪がいさめられるということではなく、神の愛を知りそれに応えるところでこそ、深く戒めに生きることができるということである。

　第一戒が禁止として語られねばならなかったのは、人間がこの神のみ顔を見失うからである。モーセがシナイ山から帰ってくるのが遅れること一つで、イスラエルの民は自分たちでつくった小さな金の子牛を神としてしまうので

ある。神に導き出された旅路は、約束の地へと続くのであるが、思いがけない出来事一つで、「エジプトの地から導き出すために、夜通し見張りをされた」（出エジプト記 12:42）真実な主のみ顔の前にあることを忘れ、導きの旅路がただの彷徨に見えてくるのである。

　この不安を民が感じた時に「子牛の像と踊り」（同 32:19）があらわれる。不安は、信頼しているものが何であるかを改めて明るみに出す。ルターは、「今あなたが、あなたの心をつなぎ、信頼を寄せているもの、それがほんとうのあなたの神なのである」（ルター『大教理問答書』11 頁）と言い、「富、技能、才知、権勢、恩顧、知遇、名誉、安心」などを挙げている（同書 12 頁）。これらが人を慰めうるかといえば、小さな慰めを与えはするものの、実際にはそれらが十分には得られないために、かえって人にやきもきした心を残す。したがって、金の子牛によって満ち足りることはなく、それはむしろ、渇きつつ満ち足りることを求めさせるものである。金の子牛とは、あれがあればこれがあればと、自分の不安の支えとして渇望する物事なのである。子牛も踊りも結局自前のものであったように、不安の支えとして持ち出されるものの前にあるのは、自分を巡っての堂々巡りの踊りであって、自分を依りかける存在は失われたままである。

　こうした神の民の姿にあらわれるのは、依り頼むべき神のみ顔の前にありつつ、そこにあらわれている愛に気づかないということである。第一戒が禁止の命令として語られることは、本当は愛のあらわれなのである。神に造られたいのちを生きるということは、それ以外にない真理であるから、命題として語られても一向にかまわないし、それを受けとめないのは愚かな誤謬と断ずることも許される。しかし、この真理は、「私」と「あなた」の間に語られるのであり、相手の愛を求める対話である。真理の表現は対話のゆえに語調が変わるのである。しかし、イスラエルはこのことに気づかない。モーセの到着一つ遅れれば、たちまち神とその愛を疑い、置かれているのが神の面前であることを忘れるのだが、それは神の民である私たちにも起こりうることである。週の初め、全能の父なる神を信ず、と告白するみ顔の前での礼拝を過ごすが、自分の旅路で出遭う思いがけない物事一つに、そこにあるは

ずの摂理を見るまなざしを見失う。神の全能の光が自分の足下にまでやって
きていることを忘れて恐れる。そして、ルターが言及するような信頼の対象
の代用物に思いが走りゆく。第一戒をお語りになる神の語調をつくる人間の
姿は、思いがけない微かな物音一つで自分の小さな穴蔵に逃げ帰る小動物の
ような姿である。愛を込めて語られる対話に、応じることができない人間の
姿がそこにあらわれるのである。

4、人間の信頼を勝ち取る神

　取り戻すべきは、信頼である。真実に神に向かい合うことを抜きにして、
ほかの神々を一つひとつ砕くことは、また違った形の神々に思い至ることに
過ぎない。それらを根底から一気に砕くのは、信頼なのである。ルターは、
大教理問答で「ひとりの神を持つとは、ひとりの神を心から信頼し、信仰す
ることにほかならない」と言う。この《心からの信頼》を神ならぬものへと
そらしてしまう危険を語りつつ「それゆえに、この戒めの主意は、この戒め
が正しい信仰と、唯一のまことの神に向けられ、その神にのみかけられる心
の信頼とを要求しているということである」と言う（『大教理問答書』10頁以
下）。

　こうした信頼はどのようにして与えられるものなのか。「与えられる」と
言うのは、信頼は自分でつくり出すものではなく、関わる相手によって与え
られるものだからである。その点、自分の信じる力が鋭く問われる信心とは
異なる。神が信頼を勝ち取ってくださる。そのことによって、人間には神へ
の信頼がつくられてゆくのである。

　信頼は愛によって深くつくられる。このことはよく考慮されなくてはなら
ない。工業製品について、それが壊れずに便益を安定して提供するという意
味において「信頼性」という言葉が用いられるが、案外、人間の関わりにお
いても、あるいは神との関わりにおいても、愛を抜きにした信頼性を神経質
に問う姿勢は付きまとうのでないか。その場合、一つの疑いは信頼性全体を
毀損する。びくびくとした小動物のような人間の態度はここにつくられる。

　その人間に、改めて愛を注ぎつつ、そこに神への信頼はつくられてゆく。

そうすると、神への信頼は人間自身が自分ひとりでつくり出すことができないものであることもわかる。「妬む神」(出エジプト記 20:5) が示す「慈しみ」(同 20:6) によって、おびえる神の民の中に信頼は構築される。愛によって心の根底を勝ち取るようにして信頼は築かれるのである。

　ある信徒が、自分の人生は若い頃に「想像したものよりもずっとひどいもの」だったと語った。その上で、けれども、生きてみたら生きられた。その都度、生きる力を神から頂いてきた。そう言う以外にない。だから、もう起きてもいないことを心配するのをやめるようになったと語った。また、すでに亡くなった別のある信徒は、山あり谷ありの人生だったにもかかわらず、九十歳を超えて口を開く度に「感謝だ」と言った。未信者の家族の中でもそうだったようで、葬儀の時、子どもたちが口々に彼女への尊敬を語った。様々な人生の場面に揺らぎつつも、神が私たちの信頼を勝ち取ってくださって、心からひとすじに、神を神とすることができるようになる。この戒めを強く語る神は、私たちの中に信頼を構築する決意をもって、向かい合ってくださっている。神の面前で知るようになるのは、拒みようもないほどの愛の迫りなのである。

黙想の流れ

　ここまでの黙想の流れを改めて示せば、以下のとおりである。十戒を重苦しく捉えるのは、人間が戒めに込められた愛を見逃すからである。しかし、いのちの与え手である神が示されるこの人の道以外にいのちはない。第一戒は、このいのちへの招きであり、禁止令で語られているのも、迷う人間に響かせるための愛の対話である。この妬みとしての愛は強く、人間の信頼を勝ち取ってくださる。神への信頼は人間が築くものではなく、神が御自身の愛によって人間に獲得させてくださるものなのである。

参考文献

マルティン・ルター『大教理問答書』(ルター著作集分冊シリーズ 2) 福山四郎訳、聖文舎、1967 年

マルティン・ルター『小教理問答書』内海季秋・宮坂亀雄訳、日本福音ルーテ
　　ル教会、1994 年

加藤常昭『十戒・ルターの小教理問答』（加藤常昭説教全集 28）教文館、2006
　　年

加藤常昭『使徒信条・十戒・主の祈り（下）』（加藤常昭信仰講話 7）教文館、
　　2000 年

H. J. イーヴァント『ルターの信仰論』竹原創一訳、日本キリスト教団出版局、
　　1982 年

第二戒

自分のために彫像を造ってはならない（出エジプト記 20:4）

荒瀬牧彦

像は偶像に至る

　人間と被造世界のすべてを超える大いなる力を感じ、恐怖や畏敬を覚え、祈りやいけにえを捧げる。それは古の人間にとって自然なことであった。そのイメージを膨らませ、名をつけて呼び、目に見える形に表現しようとする。これもまた自然なことであった。

　ジョイ・デイヴィッドマンは、『山上の煙──十戒をめぐる一考察』の中で、神の像を作り出した古の人たちの思いを想像し、こう書いている。（ただし、以下の引用で「偶像」と訳されている語 idol は、文脈からして「神像」あるいは「像」と訳すべきものと思われる。「偶像」は像禁止以降の神学による判断だからである。）

　「偶像を作り出した人々は、神の概念で頭が一杯だったに違いありません。……神はどんなものなのか、どうやって言葉に表せばよいのか、古代の人には言葉が足りませんでした。……でも、心に浮かぶ姿はありましたし、比較するものはありました。神の力は象のようであり、神の知恵は鷹の鋭い目つきのようで、神の突然の怒りは鰐が水の中で突然襲いかかるようなものでし

た。……動機がなんであれ、これらの偶像製作者たちは自分たちが描いた神の姿を表そうとしていたのです。神学というものを生み出していたのです」（デイヴィッドマン『山上の煙』42–43頁）。

　像を作った人の思いと、偶像崇拝者の行為とは厳然と区別されるべきだとデイヴィッドマンは言うのである。

　人間の信仰心というものの難しさがここにある。心に思い浮かべた神の概念を、自分なりに形として（比喩的、象徴的に）表現するのは自然な信仰の発露であるが、一度可視化された形は、わかりやすく頼れるものとなって次第に神の実体のように扱われていく。それに伴って、恐れと畏れの源である絶対者自身からは遠ざかり、それとは異なるものへの依存が生まれる。これもまた自然な流れなのである。その結果「神像」は被造世界を超えた存在の比喩や象徴であることから離れ、「偶像」となり、その支配力を人間と社会に及ぼすようになる。人間の「自然」とはこのように両義的（アンビギュアス）なのである。聖書は、自然なことは何でも良いことだという思考を拒否し、人が自らの欲するところに引きずられて生きる時、自らの人間性を損なう結果に至るという罪の問題と対峙し、像を禁じるのである。

　偶像の形とはどんなものか。これはそうわかりやすい話ではない。イザヤ書は、木工が木を切ってきて人の形に似せた偶像を作り出すことを、「薪（たきぎ）の残りで神を作る」と強烈に皮肉って語る（イザヤ書44:15–17）。「『私はその半分を火の中で燃やし　その炭火の上でパンを焼き、肉をあぶって食べた。私はその残りを忌むべきものに造り上げたり　木の切れ端にひれ伏したりすることができようか』とは言わない」（同44:19）という姿の愚かさを語る。しかし、それが木片であることなど皆わかっているのだ。なぜわかっていながら偶像を拝むかといえば、そちらに頼るほうが得に思えるからである。第二イザヤは偶像崇拝勢力が現実的に有する力を見せつけられながら、それに対して、それが「空しく」「役に立たない」（同44:9）と、ことばの力によって立ち向かう。他宗教に対して「お前たちは愚かだから像を拝んでいる」と切り捨てるのとはまったく異なるという点に注意したい。

　偶像の形は変幻自在である。デイヴィッドマンは「キリスト教は偶像礼拝

から完全に逃れたことはない」と厳しい批判を述べているが、否定できない。十戒は、神に救われ、神に仕える者たちのための戒めであって、他宗教を奉じる者たちを攻撃するためのものではない。神を信じる者こそが、神を偶像に置き換える誘惑に直面するのだ。教会はただ神に頼ると言いつつ、わかりやすい何かを神の代替物とする罪にたびたび陥ってきた。「結局、困った時に身を守ってくれるのはこれだ」と頼る、人間や財産や組織、また建築や軍備や国家が偶像の形となるのである。

　なぜ主なる神は、おがむ像を造るなとあれほど強く禁じたのか。それは、イスラエルの民が命を保っていくのに必要であったからである。現代を生きる我々にとっても、これは、命か死か、救いか滅びかという分岐となる戒めである。命という視点から、第二戒を考えねばならない。

何の像を造ってはならないのか

　造ってはならない像とは何か。像（ペセル）とは、古くは木彫りの像、あるいは石を刻んだ像であり、後には鋳造した像も含むようになった。イザヤ書 40 章 19–20 節の「鋳物師が偶像を鋳て造り　細工師がそれに金をかぶせ、銀の鎖を細工する。貧しい者は献納物として朽ちない木を選び　巧みな職人を探し出し　動かない偶像を据え付ける」（傍点筆者）では、鋳物の像も木製の像も同じペセルという単語で表されている。問題は、これが他の神々の像のことなのか、ヤハウェの像なのか、ということである。第一戒と第二戒をまとめて一つとして第一戒とするなら、「ほかの神々」の像を設けて拝むことを指すともとれる。しかし、第一戒と第二戒が別の戒めであるならば、他の神々の像を造るなというのは第一戒の単なる繰り返しになってしまう。第二戒が第一戒とは別の禁令であるなら、信じるヤハウェのことを被造界にあるいかなる形でも表現してはならないと解するべきであろう。

　但し、W. H. シュミットが指摘しているように、出エジプト記 20 章 3–6 節の構成は、「あなたはそれらに向かってひれ伏したり、それらに仕えたりしてはならない」の「それら」が第二戒の像（単数形）ではなく第一戒の「ほかの神々」を受けており、第二戒を中央に置いて第一戒と 5–6 節が対称

形ではさむ形になっている。このように編集された段階では、他の神々の像とヤハウェの像の両方を含み得る（シュミット『十戒』98頁）。

　イスラエルの信仰には最初から像を作るという発想がなく、像は存在しなかったと考えるのはナイーブに過ぎるだろう。「この種の禁止命令がわざわざ出されるのは、古代イスラエルにおいても偶像崇拝が盛んだったからである。しかし民衆は偶像への熱い思いを抱き、ヤハウェ教団はこれを禁じた」（関根清三『旧約聖書の思想』23頁）。像が存在した例に、士師記17–18章の語るミカという男の伝承がある。ミカが母から盗んだ銀を母に返すと、母はそれで彫像と鋳像を作らせた。ある時ダン族の者たちがミカの家に押し入り、「彫像、エフォド、テラフィム、鋳像」を奪い、シロの神殿に安置した。そして同時に連れ去ったミカの祭司に神殿の彫像を守らせていた、という話である。

　また、第二戒と深く関連する出エジプト記32章の「金の子牛」（新共同訳「若い雄牛」）の記事がある。そこでアロンの鋳造したものがなぜ若い雄牛の像であったかは、聖書学者たちが紀元前10世紀のヤロブアム一世の行ったことから説明する所である。ヤロブアムは王国分裂後の北王国で人々を統合する求心力として、ベテルとダンに金の子牛像を置いた（列王記上12:25–33）。カナンの地では、雄牛は富や繁栄のシンボルであり、神のイメージとして用いられた。このヤロブアムの振る舞いを背景として、生ける神との交わりを担うモーセが不在という状況の中で、民衆が「我々に先立って進む神々を」と求めた物語が語られているという。イスラエルの宗教史において、牛の像は生々しい記憶なのである。これらの記事が証明しているのは、神の臨在と結びつけられた像には、不安や苛立ちの中にある民衆を一つにまとめ、共同体を支配するのを助ける強大な力があるということである。そしてそれは、その強大な力をもって、人々の心から神を遠ざけるのである。

　古代オリエントの宗教感覚では、像を禁止するというのは異常であり、神聖なるものへの冒瀆でさえある。なぜなら、像とは神が顕現してくれる場であり、人がその前で服従を表せば神に受容されるというのが神々との合意事項であり、像には神性が宿るというのが常識だからだ。しかし聖書は、神と

人間が築くのは深い人格的関係であると考え、それを歪める罪の問題と戦う
がゆえに、像に宿る神性という合意の虚構性を衝く。つまり、「オレオレ詐
欺」の犯人になるな、と聖書は言うのである。神に成りすますものを造って
はならない。奇妙なことだが、オレオレ詐欺の被害者には、多額の金を取ら
れた後も「だまされたのではない」と信じ続ける人がかなりいるらしい。そ
ういう心理が人間にはあるのだろう。その心理を利用すると、宗教はいかが
わしさを帯びる。十戒は、神との真摯な関係に生きる者は、そのようないか
がわしさに余地を与えてはいけない、と言うのである。

「自分のために」──問題の根源

　新共同訳の4節aは「あなたはいかなる像も造ってはならない」であり、
「自分のために（レカ）」が訳出されていない。他の聖書翻訳のほとんどは
「自分のために」を含んでいる。第二戒を考える上でこれは見落とすことの
できない言葉である。神像を作ることの重大な問題はここに集約されている
とさえ言えるからである。

　現代人には「自分のために」はそう悪くないことに思えるかもしれない。
心の安定のため、祈りの助けとして自分用の小道具を持つのなら、悪くない
ではないか。人に迷惑をかけるわけではないし神様もわかってくれるだろう、
と。しかし信じるという純粋な行為に「自分のために」が忍び込んでくる時、
それは信仰の土台を崩すのである。自分の利益、自分の保身、自分の栄光を
たぐり寄せてくれる存在としての、自分の都合のままに動く神。像とは、そ
のような神を保持するための装置となる。像を保持するとは、「自分のため
に」神を操作できるということである。神によって自分が造り変えられるの
でなく、自分が神を動かすという本末転倒が起こる。像を造るとは本質的
に「自分のため」の行為であって、それが「神のため」や「世界と他者のた
め」ではありえないのだ。

偶像が奪うもの

　「自分のため」の偶像が何を奪い去るのか考える必要がある。フランク・

クリュゼマンの『自由の擁護——社会史の視点から見た十戒の主題』は、社会史的釈義によって、十戒の主題が何であって何でないのかを明らかにしている。それによれば、十戒には「自由の擁護」という明瞭な一つの主題があり、すべての戒めはそこへ向かっている。それは「無時間的なエートスや一般的な良俗を問題としているのではない」（115頁）。ヤハウェは、十戒の序言にあるように「あなたをエジプトの国、奴隷の家から導き出した神」として自己を啓示するのであって、それ以外の神ではない。像の禁止という戒めもまさに「イスラエルに自由をもたらす神」としての自己規定に関係する。「イスラエルの自由が神の自己規定に属し、すなわち出エジプトの神との関係の中に存在しまた経験される自由に属しているなら、ほかの何物も啓示の手段にはなりえない」（69頁）。この視点から第二戒をとらえる時、偶像が奪う二つのことが明瞭になる。それは神の自由と人間の自由である。

　神像を造るのは、造られた世界の一部と神を同一視することであり、被造世界に創造者を閉じ込めることである。創造主と被造世界の根本的な区別を曖昧にすることは、神を人間が檻に入れるという暴挙となる。その時、その「神」はイスラエルを奴隷の家から解放した生ける神ではない。像を造ることは、神の自由を否定することである。

　そしてまた偶像を持つことは、人間の自由を売り渡すことである。鈴木佳秀は5節の最初を「あなたはそれらにひれ伏しても、それらに仕えさせられてもならない」と訳している（『VTJ旧約聖書注解　出エジプト記19〜40章』28頁）。使役動詞のホファル形なので、受動形に訳せるとのことである。これは示唆に富んだことではないか。像を造ることも、それにひれ伏すことも、人が自分の意志で行うことなのだが、その結果起こるのは像の奴隷にされることなのである。主なる神は「あなたをエジプトの国、奴隷の家から導き出した神」であるのに、神と「我と汝」として向き合うことから逸脱して、異なるものへと視線と心が向かう時、自由な人間が奴隷へと逆戻りするのである。

　古代イスラエルにおいても「自分が何を拝もうと、どんな仕方で礼拝しようと勝手ではないか」と密かに考えた者はいただろう。現代の教会では「自

分の勝手」主義者は、もっと多くいるであろうことは想像に難くない。しかし、我々は、第一戒と第二戒が厳命であることを強調するかのように添えられている神の宣言、すなわち「私を憎む者には、父の罪を子に、さらに、三代、四代までも問うが、私を愛し、その戒めを守る者には、幾千代にわたって慈しみを示す」（出エジプト記 20:5-6）をしっかりと聞かなければならない。

　偶像礼拝の禁止に対して、違反した者の罪の責任が「子に、さらに、三代、四代までも」問われ、反対に、戒めを守る者に対しては「幾千代にわたって慈しみを示す」という約束が与えられるというのは、神と人との関係においては、個人の主体性における自由と責任がはっきりと承認されているということと同時に、それが個人の領域だけにとどまらず、共同体の命運と分かち難く結び付けられているということなのである。つまり、自分が偶像礼拝者となることは、自分に裁きを招くだけではなく、自分の子や孫や曾孫にも問題を残すと知らねばならない。それほどの責任があるのだ。しかし他方では、先祖が負の遺産を築くとその子孫はその運命から絶対に逃れられない、ということでもないことに気が付かされる。正しい道に立ち帰る上でも、個の決断には力があるのだ。もし私が自分の自由と責任において神を愛し、神の戒めを守る生き方を選ぶならば、三代四代をはるかに上回る「幾千代にわたる慈しみ」という嗣業を残すことができる。個の主体性にそれだけの重さを置いている、ということではなかろうか。神の戒めが今、自分の目の前に置かれていて、これからのありようが問われているのだ。

黙想を深めるために──福音としての第二戒

　クリュゼマンが示すように、十戒のすべての戒めは、神によって解放された者への「自由の擁護」として語るべきものである。戒めは、人を不自由の中に閉じ込める道具ではない。我々は、罪の枷から解き放たれ、キリストによる自由を与えられた者への喜ばしい神の約束として、像の禁止を語ることができる。恵みとして語ろうではないか。神は「私は主、あなたの神、妬む神である」（同 20:5）と告げられたではないか。「妬む」ほどに我々を愛し、その自由のために熱く心を燃やしてくださる御方がいる。これが喜びでなく

て何だろう。

「像を造るな」という命令は、「像を造る必要などない」という福音である。我々はもはやこの世界にあるものに似せた神像を必要としない。生ける神が共におられるからである。偶像をあがめる行為を徹底的に批判した第二イザヤは、偶像を造る者の口を通して「イスラエルの神、救い主よ　まことに、あなたはご自分を隠される神」（イザヤ書45:15）という信仰告白を謳っている。「ご自分を隠される神」は、我々のまったく触れ得ない世界に遠く隔たっているのではなく、歴史に介入し、この世において解放の業を導く神である。それは、信仰の目をもって見ようとする者には見ることのできる隠された神なのだ。

神は、海の水を分けるという出来事においてご自身を啓示される。燃える柴から、雲の柱と火の柱を通して、ご自身の慈しみを示される。そして、何より、神は語りかける方としてご自身を啓示される。形ではなく「ことば」において神はご自身を啓示される。暴風と地震と火の後に静かにささやく声においてエリヤを立ち上がらせた神は、ことばによって人間を救い、世界を新たにされる。「必ず、私の望むことをなし　私が託したことを成し遂げる」（イザヤ書55:11）。

キリストにおいて神は見える御方となった。「言（ことば）は肉となって、私たちの間に宿った。私たちはその栄光を見た」（ヨハネ1:14）。「父の懐（ふところ）にいる独り子である神、この方が神を示されたのである」（同1:18）。我々は御子の受肉を第二戒との関わりでどう理解するべきだろうか。確かにイエスは「人間の姿で現れ」（フィリピ2:7）た。しかしそのイエスを「像」にすることはできない。イエスを山上の仮小屋に収納することはできない（マルコ9:2–13）。イエスは山を降りて、人間の現実の只中に入っていかれた。人々はそれぞれ自分のイエス「像」の中にイエスを納めようとするが、イエスを閉じ込めることは誰もできない。昇天により、キリストは再び目に見えない存在となられた。しかし聖霊の降臨により、我々はキリストと共にある。キリストにつながれて以来、我々は、父・子・聖霊の交わりの中に招き入れられている。神は生きた関係の中に臨在される。その恵みを受けるならば、偶像の必要が

なくなるのだ。我々は見えざる神への賛美としてさまざまなことばによって
神のイメージを描くことが許されているが、そのどれかを絶対化することか
らは守られている。偶像を不要としてくださる神に感謝しよう。

参考文献

ジョイ・デイヴィッドマン『山上の煙──十戒をめぐる一考察』村井洋子訳、
　新教出版社、2008 年

W. H. シュミット『十戒──旧約倫理の枠組の中で』大住雄一訳、教文館、
　2005 年

関根清三『旧約聖書の思想　24 の断章』岩波書店、1998 年

フランク・クリュゼマン『自由の擁護──社会史の視点から見た十戒の主題』
　大住雄一訳、新教出版社、1998 年

鈴木佳秀『VTJ 旧約聖書注解　出エジプト記 19 〜 40 章』日本キリスト教団出
　版局、2018 年

第三戒

あなたの神、主の名をみだりに唱えてはならない

（出エジプト記 20:7）

安井　聖

萎縮しないで神の名を呼ぶ

　十戒の第三の戒律は、「あなたは、あなたの神、主の名をみだりに唱えて
はならない。主はその名をみだりに唱える者を罰せずにはおかない」（出エ
ジプト記 20:7）である。ユダヤ人たちは第三戒に厳格に従おうとした結果、
神の名を口にすることを避けた。それが長い期間続いたために、ついに神の
名の正確な発音の仕方まで忘れられてしまった。「主はその名をみだりに唱
える者を罰せずにはおかない」という、他の九つの戒律には見られない罰則
規定がこの第三戒にはある。そのためであろうか、下手に神の名を口にして
神罰が下ったら堪ったものではない、それならいっそ神の名を口にしない方
が無難だ、そんな怯える心が呼び起こされたのかもしれない。

　神罰への恐れに囚われてしまう姿は、多くの日本人の間にも見られる。自
分の不用意な行動が、神の祟りを引き起こすのではないかと恐れる。不幸と
思われる出来事が続くと、これは何かの祟りに違いない、お祓いをしてもら
わなければ、と思う。

　そもそも神の名を口にする時、そこでわたしたちは何をしているのか。カール・バルトは旧新約聖書における「名」という概念について、次のように述べている。

　「『名』は、それを担っている当の存在の、外部に対する・他のすべての存在に対する自己作用および自己表明なのである。……その〔当の存在が担っている〕名とは、この当の存在が他の存在に対して自己表明し働きかけ自己告知するものであるかぎり、この当の存在自身のことなのだ……以上すべてのことは、最高度に傑出した意味で、神の御名に妥当する。『神の御名とは、神ご自身のことである（Nomen Dei est Deus ipse）』」（『キリスト教的生Ⅱ』355頁）。

　つまり神の名は、神がどのようなお方であるかを表している。そしてその神の名を口にすることによって、わたしたちは神がどのようなお方だと信じているかを言い表しているのである。

　同時に神罰、祟りを恐れて神の名を口にしないという態度もまた、自分が神をどのようなお方だと思っているかを雄弁に語っているのではないか。つまり神の恵みに対する自らの不信頼を、口をつぐむことによって表現してしまっているのではないか。しかし、そのように神の前で萎縮してしまうことを、第三戒が決して意図しているはずはない。萎縮するのではなく、むしろ伸びやかな心で神の名を呼ぶことを、聖書の言葉はいろいろな箇所でわたしたちに促している。神の名を喜びに溢れて口にしている者、必死に助けを求めて神の名を呼ぶ者の姿は、聖書の中にいくつも見られる（歴代誌上16:8; 詩編80:19; 105:1; 116:4, 13, 17; 135:1-3; 哀歌3:55）。そこには、神の前に萎縮する姿など微塵もない。そして主イエスが神を父と呼ぶことを教えてくださり（マタイ6:9）、主ご自身の名によって神に願うことを教えてくださった時にも（ヨハネ16:26）、萎縮しないで神の前に立つように促しておられたのではないか。

　わたしは牧師家庭で育ったが、決していい子ではなかった。ずいぶん乱暴な子どもで、親を悩ませた。両親はそういうわたしを厳しく叱った。しかし、神の名によって叱ることはしなかった。あなたの行動はキリスト者らしくな

い、いい子にしないとそのうち神の裁きが下る、と言われたことはなかった。後に両親はわたしに言った。「自分たちがそうしたのは、神がどういうお方であるかをあなたに誤解してほしくなかったからだ。萎縮するのではなく、神の前で自由に伸び伸びと生きていい。神ご自身がそのように生きることを願っておられるのを知ってほしかった」。そのような両親の対応を、今振り返って大変ありがたく思う。

　萎縮しないで伸びやかな心で神の名を呼ばせていただけるのは、それがわたしたちの当然の権利だからではなく、神がそれほどまでに恵み深いお方だからである。

神の自由な恵みこそがわたしたちを生かす

　ヤン・ミリチ・ロッホマンは、神の名を「みだりに」（濫用して）唱えるとはどういうことかを考察しながら、第三戒と、神を影像にしてしまうことを禁じる第二戒とが内容的に深く関連していることを強調している。

　「神はこの世の状態においては把握されない。神は、そこからは意のままにされることのない、御自身の創造に対する自由の主である。第二の戒めは、主の主権のために闘う。もっと適切に表現すれば、創造に対する神の自由のために闘うのである。……神は縛られたまわない。どんな影像も、あるいは概念も、彼に出会わない。どんな祭儀的企てや礼拝所も、神の現在を保証しない。どんな制度や運動も彼を占有できない。神を操縦するための完全な手段など存在しない」（『自由の道しるべ』63頁）。「これが、神のみ名の濫用である。神の自由にまかせるのではなく、神を自由に用立てて、彼の聖なるみ名を、不浄の目的のために、あるいは神聖に見せかけた目的のために飼いならすのである。それは、解放の神から私的な神になる」（同書72頁）。

　第二戒と第三戒は共に、神の自由を前にした人間の姿を問うている、とロッホマンは主張する。神の影像を造ることは、人間が神を自らの手で造って所有しようとする行為である。そのように人間が神を所有し、支配しようとすることなど許されない。それは神の自由を侵害することに他ならない。それと同様に、神のご意志を重んじないで、ただ自らの目的に役立たせるため

に神の名を唱えることは、まさに神の名を所有物のように扱うことであり、神の自由を無視する行為である。そこに神の名の濫用がある、とする。

　わたしたちには自分の願いを神に告げ、祈ることが許され、またそうするように促されている（ルカ 18:1−8; ヤコブ 5:13−18）。しかし実にしばしば、自分の願ったようには道が拓かれないという現実に突き当たる。神がわたしたちの祈りを無視なさったのではない。ご自分が善いとお考えになる道をわたしたちが歩むことを、神は求めておられる。そのような神の自由な導きを、葛藤を覚えながらも受け入れようとする。その時にわたしたちは、自分が第三戒に従うのかどうかが問われるのではないか。神のご意志を受け入れようとせず、自分の願いや計画にこだわり続けてしまう。結局神に祈ってもどうしようもない、と諦めの心に支配されてしまう。それは、神の自由を重んじない、神を信頼しない姿ではないか。そうやって無自覚なまま、神の名をみだりに唱えてしまっているのである。

　最近、あるキリスト者の大学生と聖書を学んでいた。「今、心に引っかかっている聖書の言葉がある」と言うので、その箇所を読んだ。「神はモーセに、『私は憐れもうとする者を憐れみ　慈しもうとする者を慈しむ』と言っておられます」（ローマ 9:15）。その大学生は言った。「これは自分にとって意外な言葉だ。神さまらしくない言葉だと思う。むしろ神さまなら、『私はすべての者を憐れみ、慈しむ』とおっしゃるはずではないかと思う」。わたしはこう答えた。「これこそ神さまらしい、とあなたが思い描く神のイメージに対して、神ご自身が自己主張をしておられる。これは、そういう言葉ではないか。『わたしが誰を憐れみ、誰を慈しむか、それはわたしの自由である』、そう神は言っておられるのだと思う」。そして、これに続く聖書の言葉に心を向けた。「『従って、これは、人の意志や努力ではなく、神の憐れみによるのです』（同 9:16）。15 節は、この言葉と深く結びついている。神がご自分の自由な意志に基づいて憐れんでくださる時、その神の憐れみを受けるためのわたしたちの側の意志、努力は全く問題にならない。この言葉はそう語りかけているのではないか」。

　「私は憐れもうとする者を憐れみ　慈しもうとする者を慈しむ」というロ

ーマの信徒への手紙の言葉は、出エジプト記第33章19節で神がモーセに語りかけられた言葉の引用である。神がイスラエルの民をエジプトの奴隷の身から導き出してくださったのに、民は神に従わず、リーダーのモーセに反抗し続けた。民に悩まされ続けたモーセは、疲れ果てていたに違いない。神がご一緒でなければ一歩たりとも前に向かって歩み出すことができないと思うのに、神がこんな自分たちをもお見捨てにならないと確信することができなくなっていた（出エジプト記33:15–16）。そんなモーセに向かって、神はこの言葉を語りかけてくださった。この言葉によってモーセを励まし、力づけてくださったのである。罪深い民の姿を見るならば、それでもなお神は自分たちに憐れみを与え続けてくださるだろうかと不安にならざるを得ない。モーセ自身も、自らの無力さを思い知らされ、こんなにも弱く情けない自分を神は本当に憐んでくださるのだろうか、と思っていたのかもしれない。しかし神は言われる。「あなたの意志が確かだからではない。民がわたしに従う努力をしているからではない。わたしは自らが憐れもうとする者を憐れむ。わたしの自由な憐れみは、あなたたちの罪深さによっても支配されない。だから希望を持って、足を前に踏み出してごらん」。

　このような神の自由な恵みは、わたしたちに染みついてしまっている考え方を踏み越えるのではないか。どんな人が神の憐れみを受けるにふさわしいのか。そのような考え方に囚われてしまい、自分がどれだけがんばったか、と自分の努力を支えにしようとする。自分の姿にこだわってしまう。しかしこの言葉は、そんなわたしたちの心に立ち向かう。「わたしの憐れみは、あなたのがんばりが保証するものではなく、ただわたしの自由な意志によるものなのだ」。もし神の憐れみが神の自由に根差すものでないとしたならば、わたしたちは誰一人として、神が自分を憐んでいてくださると確信することはできない。神が自由に憐んでくださるからこそ、こんな自分にもその憐れみが注がれているのだと信じて生きていくことができるのではないか。

　そしてまさに主イエスこそが、この神の自由な憐れみをご自分の存在をかけて現してくださった。神の前で胸を張って立つことができると思えるほどに、自分が戒律を努力して守ったからではない。自分の罪深い姿を思うと神

を見上げることもできず、ただ胸を打ちたたきながら「神様、罪人の私を憐れんでください」と祈ることしかできない者をこそ神は憐れんでくださる、主はそう教えてくださった（ルカ 18:9-14）。にもかかわらず、なお頑なに自分の意志の強さと努力に頼り、がんばって自分の手の中に神の憐れみを確保しようとする罪が——それはファリサイ派だけでなく、弟子たちの罪であり、わたしたちが日ごとに重ねる罪である——主を十字架の死へと追いやった。しかし神はその主の十字架の死を、罪の贖いのための死としてくださり、わたしたちの罪を赦し、その罪から解き放つ道を切り拓いてくださった。だからこそ、どんなに自らの罪深さを思い知らされる時にも、わたしには神の名を呼ぶことが許されている、そう信じることができる。

絶望に支配されない神の自由な恵み

　わたしは以前旧約聖書のヨブ記を読んでいた時に、衝撃的なヨブの言葉に出会った。

　「なぜ、わたしを母の胎から引き出したのですか。わたしなど、だれの目にも止まらぬうちに　死んでしまえばよかったものを。あたかも存在しなかったかのように　母の胎から墓へと運ばれていればよかったのに。わたしの人生など何ほどのこともないのです。わたしから離れ去り、立ち直らせてください。二度と帰って来られない暗黒の死の闇の国に　わたしが行ってしまう前に。その国の暗さは全くの闇で　死の闇に閉ざされ、秩序はなく　闇がその光となるほどなのだ」（ヨブ記 10:18-22、新共同訳）。

　わたしは言葉に言い表せないような悲しい気持ちになった。人間はこんなにも深い絶望の言葉を口にすることがあるのか。わたしもこのような絶望を味わうことがあるのだろうか。

　しばらくの間この言葉に釘付けになり、何度も繰り返して読み、読んでは考えていた。そしてあることに気づかされた。ヨブはこの言葉を、独り言としてつぶやいているのではない。ヨブは神の名を呼び、神に向かってこの言葉を告げている。心に沸きあがってくる悲痛な思いを、そのまま神にぶつけている。これは神に向けての言葉、まさに祈りの言葉ではないか。そしてだ

んだんとこう思うようになった。この絶望の祈りを受け止めていてくださる神が、ヨブの傍らに立っておられる。この祈りには神への非難の思いさえ込められている。ヨブは持って行き場のない嘆きを、神を責めるような言葉で言い表すことしかできなかった。そのような祈りさえ、神は黙って聴いていてくださる。わたしたちがどんな姿で神の前に立つ時にも、神は決して退けられない。わたしたちを孤独になさらない。この絶望の底で神の名を呼ぶ言葉には、すでに望みの光が射している。そしてこのヨブの姿は、神の恵みがどのような絶望の状況にも支配されないほどに自由に、力強く働いていることを、生き生きと証ししている。

　主イエスもまた、十字架の上で祈られた。「わが神、わが神、なぜ私をお見捨てになったのですか」（マルコ 15:34）。主こそ誰よりも深い絶望を経験され、しかもその絶望の死のただ中で神の名を呼ばれた。わたしたちが絶望の淵に突き落とされてしまうような経験をする時にも、この主がわたしたちの傍らにいてくださる。いや、わたしたちよりも深い絶望の底にお立ちになり、下から支えていてくださる。だからこそわたしたちも、絶望の底で神の名を呼ぶことができる。そして神は、その呼び声に確かに応えていてくださる。なぜなら主を絶望の死から復活させてくださった神は、主と共にわたしたちをも復活させて、ご自分の前に立たせていてくださるからである（Ⅱコリント 4:14）。

　ドイツ告白教会の牧師であったヘルムート・ゴルヴィツァーは、ナチスの圧迫により、徴兵され、シベリア戦線に送られた。そこでドイツの敗戦を知り、その後ソ連に抑留され、五年にわたって強制労働の生活を続けなければならなかった。その抑留生活の経験を、ゴルヴィツァーは日記に書いている。そこで何より辛かったのは、希望が全く見えない中で生きていくことであった。ソ連兵たちは冷ややかな笑いを向けながら語りかけてくる。「君たちは一生、ソ連のためにここで働き続けるのだ」。自分たちは本当にこのままここで死んでしまうのか、とみんな思った。ゴルヴィツァーは自身が絶望に抑え込まれてしまいそうな中で戦いながら、なおそこで希望なく歩む戦友たちの牧師となり、彼らを励まし続けた。

　ある戦友が、そんなゴルヴィツァーに感謝の思いを表そうとして、クリスマスの日にプレゼントを贈った。と言っても、プレゼントらしいものなど全く手に入らない。そこで、拾ってきた木片にゴルヴィツァーの愛唱聖句を刻んで贈った。ゴルヴィツァーは心から喜んだ。それは、ヨハネによる福音書第14章19節の言葉であった。「私が生きているので、あなたがたも生きることになる」。この言葉は、こうも訳すことができる。「わたしは生きている、だからあなたがたも生きている」。この主イエスの言葉は、ゴルヴィツァーを深く慰め、励ますものとなった。

　わたしたちは神の名を呼んで祈る時、「主イエス・キリストの名によって祈ります」と口にする。苦難に耐えながら主イエスの名によって祈る時、「わたしは生きている」と語りかけてくださる主に支えられて祈っているのである。問題解決の光が見えない状況が、ずいぶん長い間続いてしまうかもしれない。解決を見ることなく、悩みを背負い続けたまま、この地上の生涯を終えるかもしれない。しかし死に勝利して復活された主が、わたしたちに語りかけていてくださる。「わたしは生きている」。わたしたちが死んでしまったとしても、死に打ち勝って生きておられる主が捉えていてくださる。主の復活の力が、絶望の底に立つわたしたちをなお生かし、力づけ、導いてくださる。そうであれば、どのような中を歩む時にも光を見失うことはない。死もまた神の自由な恵みを支配することはできない。神の自由な恵みは、絶望と死のただ中にあってなお、神の名を呼び続ける力を与えてくださるのである。

黙想への提案

　以下のような筋道で、黙想することができるのではないか。わたしたちは萎縮しないで、伸びやかな心で神の名を呼ぶことが許されている。なぜなら、神の自由な恵みは、わたしたちの罪の大きさによって左右されることがないからである。その神の自由な恵みは、わたしたちがどんなに深い絶望の底に立つ時にも、その絶望にも支配されず、わたしたちを捉えてくださる。そのような神の自由な恵みを重んじ、その恵みに支えられて神の名を呼ぶことを、

第三戒はわたしたちに命じているのである。

参考文献

J. M. ロッホマン『自由の道しるべ──十戒による現代キリスト教倫理』畠山保
　　男訳、新教出版社、1985 年

カール・バルト『キリスト教的生 II』天野有訳、新教出版社、1998 年

加藤常昭『十戒・ルターの小教理問答』（加藤常昭説教全集 28）教文館、2006
　　年

第四戒

安息日を覚えて、これを聖別しなさい（出エジプト記 20:8）

須田　拓

　十戒の第四戒は、安息日を守ることである。この第四戒は、十戒の中でも特徴的なものであるとされる。十戒は、この第四戒と第五戒以外は、全て「〜してはならない」という否定形で語られている。それに対し、この第四戒と第五戒は「〜せよ」と積極的な形で語られているのである。

　出エジプト記と申命記とでは、「安息日を覚えて」（出エジプト記 20:8）と「安息日を守って」（申命記 5:12）というように、使われている動詞は異なるが、意味に大きな違いはない。しかし、この第四戒は、出エジプト記と申命記とで、安息日を聖別する根拠の説明には相違がある。出エジプト記 20 章では、天地創造において神が七日目に休まれたことが根拠とされるが、申命記 5 章の方では、出エジプトの出来事が根拠とされているのである。

二つの根拠

　安息日を覚える理由として、出エジプト記では、「主は六日のうちに、天と地と海と、そこにあるすべてのものを造り、七日目に休息された。それゆえ、主は安息日を祝福して、これを聖別されたのである」（20:11）と説明さ

れる。創世記1章によれば、神は天地のあらゆるものを六日間でお造りになり、それを見てよしとされた後、七日目にお休みになられた。だからあなた方も七日毎に休みなさいというのである。それは、あなたの生活の中に、六日間働いて七日目に休まれた神の御業のリズムを作り出し、そのリズムにあなたも生きよとのことであり、言い換えれば、創造の秩序を重んじよということでもある。

　そして、神が創造の御業を終えて休まれたようにあなたも休めということは、私たちは安息、即ち神の祝福の下で安らぐことに向けて造られたことを意味する。

　ところが、申命記では、「あなたはエジプトの地で奴隷であったが、あなたの神、主が、力強い手と伸ばした腕で、あなたをそこから導き出したことを思い出しなさい。そのため、あなたの神、主は、安息日を守るようあなたに命じられたのである」(5:15)と語られ、出エジプトの出来事が安息日を守る根拠とされる。つまり、イスラエルを奴隷状態から解放された神ご自身が今も働いてくださっていることに信頼し、その事実を思い起こすために、七日毎に安息日を守れというのである。

　このように、出エジプト記と申命記とでは、安息日を休むことについて異なる根拠が提示されている。しかし、週の七日目に休むとき、神の天地創造を思い起こし、自らが神の「よし」という祝福の中で、全てを完成させた神と共に安らぐためにこそ造られたことを思うと同時に、そうやって神と共に安らぐようにと、神がかつて出エジプトの出来事を起こしてくださり、今なおその神の働きの中にあることを思い起こす、というように、この両者を統一的に理解することも可能であるように思われる。

休むこと

　このように定期的に休むということが、十戒のオリジナルであるのかどうかについては様々な議論がある。メソポタミアの文明などの中に、既に特定の日を休むという考えがあるとされることもあるが、しかし少なくとも、七日毎に、七日目という特定の日を休むという考え方はここにしかないとされ

る。従って、安息日（シャッバート）という言葉を聞いた時に、イスラエルの人々もただ「シャッバートを守れ」と言われただけでは、それがどのようなことか思いもよらず理解できなかったと思われ、それがこの箇所で、安息日を守ることの説明が長く語られていることにもつながっているのであろう。

　ただ七日毎に休めというのではなく、週の特定の日をシャッバートと定めているところに十戒の第四戒の特徴がある。実際、七日目、即ち土曜日（厳密には金曜日の日没から土曜日の日没）という決められた日を休むことは、その後のイスラエルの重要なアイデンティティーとなってきた。

　安息日を守るとは「どのような仕事もしてはならない」と言われているように、仕事をしないことであり、業を休むこととされる。しかし、安息日はただ仕事を休む日ではなく、「主の安息日」というように、神のために取り分けられた日、主に属する日であると言われていることが重要である。従って、安息日を守るとは、「したい事をするのをやめ」る（イザヤ書58:13、新共同訳）ことであり、自分のために生きるのではなく、自分の中に主なる神をお迎えする、即ち、肉の業をやめて神を仰ぎ、神が働かれる場所を自らの内に作ることであると言ってよいだろう。

　それは、自分の業を一時中断して、神を礼拝するということでもある。そもそも出エジプト記においては、出エジプトの出来事は、5章で「どうか、私たちに三日の道のりをかけて荒れ野を行かせ、私たちの神、主にいけにえを献げさせてください」（3節）と、主なる神を礼拝するために一旦エジプトから出ることをエジプトのファラオに求めたのに対し、ファラオがそれを許さなかったことから始まっている。従って、そのエジプトから導き出されたことは、神を礼拝するために導き出されたことを意味する。そのため、出エジプト記20章で十戒が与えられた後、25章以下で幕屋建設の指示がなされることになるのである。従って、安息日を覚えるとはただ仕事を休むだけでなく、主なる神を礼拝する、あるいは神に捧げ物をすることと理解されてきた。

　だから新約聖書において、主イエスの弟子たちが安息日に麦の穂を摘んだのを咎められた際、主イエスは旧約聖書における安息日の例外規定を示され

た上で「人の子は安息日の主なのである」（マタイ 12:8）と言われた。安息日は何よりも主の日であること、つまり、この神の御子であるお方こそが安息日に何をすべきかを本当の意味でご存じであり、そして何よりも、安息日はこのお方にこそ心を向ける日であると仰られたのである。

全ての者が守るべき安息日

この安息日を誰が守るべきかについても出エジプト記と申命記は語っている。「あなたも、息子も娘も、男女の奴隷も、家畜も、町の中にいるあなたの寄留者も」守らなければならないというのである（出エジプト記 20:10; 申命記 5:14 参照）。ここでは一人ではなく皆で、そして全ての者と共に仕事を休み、主なる神に心を向け礼拝することが求められている。

先述の通り、安息日を守ることには、神の創造の秩序を重んじるという意味があった。そうであるなら、その安息日を全ての者が共に守るべきということは、神の民イスラエル全体、そしてやがて全ての者が肉の業をやめて神を誉め讃えるようになることにこそ、本来の神の創造の秩序があり、創造の目標があるということになる。

確かに神の救いの御業は、そこへと向かっている。まずイスラエルを、神の創造の秩序を重んじつつ出エジプトを記念して神を誉め讃えさせるためにエジプトから導き出し、やがて独り子を遣わし、さらに聖霊をまで送って、私たちをも招き、主を誉め讃える群れを築いてくださった。そして神は私たちの伝道を用いて、神を誉め讃える者をさらに集め、やがて終わりの日、神の国においては、まさに全ての者が主を誉め讃えるようになるというのである。

私たちにとっての安息日

ユダヤ教にとって安息日は第七の日、即ち土曜日である。しかし私たちは多くの場合、日曜日に礼拝を守る。周知の通り、弟子たちが復活の主に出会ってようやく主イエスが真の神の御子であることを悟り、伝道へと出て行ったことを踏まえ、その主イエスの復活を記念して、主が復活された「週の初

めの日」に礼拝を守るのである。

　私たちの礼拝でも、神の創造と出エジプト的な救いとが覚えられている。新約聖書において、キリストによる救いは、しばしば出エジプトと重ね合わされて、いわば新しい出エジプトとして描かれている。私たちもまた、罪の奴隷であるところから、赦しへと主の十字架によって導き出され、主は、私たちを「闇の力から救い出して、その愛する御子の支配下へと移してくださ」った（コロサイ 1:13）。礼拝では「十字架につけられたキリスト」が宣べ伝えられ、聖餐が祝われることで、この「導き出し」が記念されている。そして、その主が復活されたお方である故に、私たちは、やがて死からも導き出され、よみがえって神の国に生きるようにされる時を信じて待ち望むのである。

　さらに礼拝では、私たちが「御子によって、御子のために造られた」（同 1:16）こと、つまり神が「私たちをイエス・キリストによってご自分の子にしようと」（エフェソ 1:5）お造りくださったことが覚えられる。そして、事実、私たちを信仰と洗礼によって主に結んで、神の子として新しく生まれさせ、「新しく造られた者（新しく創造された者）」（Ⅱコリント 5:17）としてくださったことが記念されている。

　つまり、神が私たちを、創造の完成である終わりの日の神の国に神の子として生かすために造ってくださったこと、そして私たちを罪の奴隷であるところから救い出して神の国の民とするために、御子キリストを遣わすほどに働いてくださっていることを思い起こすためにこそ、私たちの安息日があると言ってよい。そして、主の日毎に、既に神の国の国籍を与えられていることを思い起こしつつ、完成の日である終わりの日を待ち望むのである。

安息とは

　ところで、ヘブライ人への手紙 3 章 7 節から 4 章 13 節は、旧約聖書における「安息」と、私たちの安息、あるいは安息日の連続性を語っている。イスラエルの民は、その頑なさによって安息に与らなかったが、その安息がなお私たちのために残されているというのである。一方で、この手紙が言う、

神がイスラエルの民に与えようとした安息は、約束の地を示しているように思われる。ところが、「もしヨシュアが彼らに安息を与えたのであったら、神が後になって他の日について語られることはなかったでしょう」（ヘブライ 4:8）というように、イスラエルの民を約束の地に導いたヨシュアもまた、イスラエルに安息を与えることができなかったと言われる。つまり、単純に約束の地カナンへと導かれてそこで形式的に安息日を守ることが、直ちに安息に与ることにはならないというのである。そうではなく、「神が御業を終えて休まれたように、自分の業を終えて休」むこと（同 4:10）、即ち肉の業を休むことが安息に与ることになるとされる。さらに、その安息は、「神の安息」（同 1, 10 節）であると繰り返し語られ、主の安息日として、創造の七日目に休まれた主なる神の安息を共にすることこそが、真の安息であるというのである。

　その意味では、イスラエルの民は、出エジプト、そして約束の地へと導かれた経験を通して、自らの肉の思いに固執して不平不満を口にしたり神を試みたりするのではなく、神の祝福の中で、主なる神に信頼して委ねることを学ぶべきであった。しかし、彼らは確かに、自分の業をやめることをしなかったと言えよう。

　「神の安息に入る約束がまだ残っているのに」（同 4:1。6, 9 節参照）とは、神は私たちと安息を共にすることをなお諦めておられないことを意味する。神はシナイ山で十戒を与えて呼びかけただけでなく、心頑なにするイスラエルに対し、ダビデを通しても呼びかけたし、そして、今なお諦めずに、神の祝福の中で安息を共にしよう、この祝福の中に来て休みなさいと、私たちに呼びかけ続けておられるというのである。

　しかし、神は今やただ呼びかけておられるのではないのではなかろうか。どんなに呼びかけても神の祝福の中に身を浸し切ろうとしない人間に対し、神はついにご自身の方からこの世界に来られて私たちに歩み寄り、私たちの罪を担うほどに私たちと一つであろうとし、私たちをご自分の許に引き寄せた。その上で、私を信じなさい、あなたのことを私に任せなさいと呼びかけておられるのではないだろうか。主は確かに言われた。「すべて重荷を負

って苦労している者は、私のもとに来なさい。あなたがたを休ませてあげよう」（マタイ 11:28）。そして、心頑なな私たちをさらに聖霊によって信じさせ、主にしっかりと結んで主のものとし、まさに祝福の中に入れた上で、あなたを私のものとして取り戻したこの私の喜びを一緒に喜んで欲しいと呼びかけてくださってすらいるのではないだろうか。そして、私たちと共に心から世界の完成を喜び、安らぐ、神の国の完成に向けて、神は働き続けてくださっており、私たちも、その天のカナンへの旅路を、主の日毎に信仰によって、主のものとされた喜びを味わいつつ、歩み行くのである。

黙想のために

　安息とは一体何であろうか。私たちは人生を休みなく走り続けることはできない。人間は気晴らしや息抜きを求め、そのためにレジャーやレクリエーションに出かけたりもする。しかし、私たちはそれによって、本当に心安らぐことができるだろうか。そういった気晴らしは、私たちは何故生きているのか、自分は本当にこれでよいのか、死とは何か、世界はどうなっていくのか、という、私たちを不安にする人生の根本問題を解決しない。一時、その恐れと不安から目をそらすことでしかない。しかし礼拝には、そのような、私たちを不安にする問題への答えがあるのではないだろうか。

　アウグスティヌスは『告白』の冒頭で、「あなたは、わたしたちをあなたに向けて造られ、わたしたちの心は、あなたの内に安らうまでは安んじません」と語った。それは、マニ教をはじめ様々な思想を渡り歩いて、最終的にようやくキリストに出会った彼の実感であろう。

　教会あるいは礼拝こそ、私にとって安らぎの場である、という言葉を聞くことがある。もっとも、教会や礼拝を、安らぎの場という一語に収斂させてしまってよいかという問題はある。しかし、私たちが教会であるいは礼拝で安らぎを感じるということは、決して故無きことではない。

　私たちは礼拝においてこそ、世界を虚無にではなく完成へ、つまり神の国へと導かれる神がおられることを知らされる。そして、私たちがどのような者であったとしても、自らの命を十字架上で犠牲にしてまで私たちを義とし、

悪魔的で虚無的な力からご自身の許に取り戻されるお方があることを知らされる。そして、そのお方が死を打ち破って復活されたお方であり、従って、私たちを死を越えてご自分のものとし続け、やがて終わりの日に死からよみがえらせ、神の国に永遠に生かしてくださるお方であることに出会う。だから私たちは、礼拝においてこそ、本当の平安を味わうことができる。レクリエーションのようなものによってではなく、私自身をひとたび主にお任せして、信仰と洗礼によって主に結ばれ、主のもの、神の子として新しく造りかえられた（re-create）時に、そして私を主のものとしてとらえ続けてくださる主の愛の中に確かにあることを思い起こす時にこそ、私たちは真の安息に与るのである。

　ハイデルベルク信仰問答は問1で「生きるにも死ぬにも、あなたのただ一つの慰めは何ですか」と問い、「わたしがわたし自身のものではなく、体も魂も、生きるにも死ぬにも、わたしの真実な救い主イエス・キリストのものであることです」と答えさせる（吉田隆訳）。私たちは礼拝で、まさにこの慰めに出会う。そしてその時私たちは、もう私の願いや思いなどどちらでもよいというほどの安心の内に、この私自身というものを主に明け渡し、その主の愛の中で、神の安息を共に休み、心安らぐことができるのであろう。

　私たちは、礼拝の場にある確かな安息をこそ、はっきりと指し示したいと思う。

　また、私たちは、「安息日を覚えて、これを聖別しなさい」との戒めから、神が私たちを安息に与らせること、休息させることこそが、私たちを造られた目的であることを知らされる。私たちの人生の目的は何であろうか。もちろん、私たちにはそれぞれに、この世で果たすべき務めが与えられている。その務めを、神によって与えられたものとして誠実に果たしていくことも重要であろう。しかし、もしこの世で与えられている務めを十分に果たすことができなければ、その人生は無意味であるのだろうか。

　神が私たちを造られた目的は、何よりも、私たちと共に安らぎ、私たちを安息に与らせることにこそある。カルヴァンは、ジュネーヴ教会信仰問答の問1で、「人生の主な目的は何ですか」との問いに、「神を知ることであり

ます」と答えさせる。人生の様々なことを通し、この人生の中で神に出会い、主に結ばれて、その喜びと平安を与えられたなら、私たちが造られた最大の目的は達成されたと言えるし、その人生は決して無意味ではなかったとはっきりと言い得よう。そして、その喜びと平安とをさらに深く味わい続けてゆくことこそが、なおこの世で生きる最大の意味であるのである。

参考文献

T. E. フレットハイム『出エジプト記』（現代聖書注解）小友聡訳、日本キリスト教団出版局、1995 年

P. D. ミラー『申命記』（現代聖書注解）石黒則年訳、日本キリスト教団出版局、1999 年

川村輝典「ヘブライ人への手紙」『新共同訳 新約聖書注解Ⅱ』日本キリスト教団出版局、1991 年

大住雄一『神のみ前に立って――十戒の心』教文館、2015 年

第五戒

あなたの父と母を敬いなさい（出エジプト記 20:12）

宮嵜　薫

はじめに

　十戒の第五戒は、モーセの二枚の契約の板の一枚目の最後に書かれていたとされる。エフェソの信徒への手紙 6 章 2–3 節にも引用されている。

　この「あなたの父と母を敬いなさい」という積極的な勧めが聖書にあることはとても幸いである。十戒の第五戒は、まずはキリスト教に改宗するとは親を捨て家族の縁を切ることだとの日本にありがちな一般的誤解を払拭してくれる。かえって、聖書の神を信じることは両親に対する敬愛を増すことだと弁明してくれる。それほど、両親を敬えとは、いつの世でも倫理的に正しい、常識的で健全な教えである。聖書の律法の内容は独特のものばかりではない。とくに十戒は、神から人間に与えられた基本法である。

　ただし、第五戒を一般的な敬親の教え、親孝行の勧め、祖先崇拝の奨励だと単純にとらえてはならないであろう。仏教や儒教などと同じと考えることもできないはずだ。第五戒に込められた重層的な意味を聖書的に考えていきたい。

第五戒の位置づけ

十戒は、ヘブライ語で「十の言葉」（出エジプト記 34:28; 申命記 4:13; 10:4）と書かれる。神の「十の言葉」が二枚の板に書かれ、最初の板には前半の五つの言葉があり、どれも「主、あなたの神」という定式の文言を含む。前半は神について宗教的な戒めが、後半は人についての社会的な戒めが書かれるが、第五戒は第一の板から第二の板をつなぐ内容である。宗教的であると同時に社会的な神の言葉が記されている。

イスラエルの主なる神に対する関係は、比喩的に子の親に対する関係として表現される。第五戒の「敬う」と訳されるヘブライ語の動詞「カーベド」は、人に対しても神に対しても用いられる言葉である。両親を「重んじる」「尊敬する」ということは、神を神として重んじ、敬うことを前提としている。イスラエルが主を自分たちの神として重んじること、すなわち畏れ敬い、恵みに感謝し、信じて従い、賛美礼拝し、主に栄光（カーボード）を帰すことを求められるのと同じように、子は父母を重んじること、すなわち尊び従い、感謝し、敬意を表して、決して尊厳を傷つけないことを求められる。第五戒は、基本的に、神と民、親と子の上下関係の秩序の遵守命令である。つまり、「あなたの父と母を敬いなさい」との教えは、明らかに第一戒からの「あなたの神を敬いなさい」という流れの上にある。

第五戒の特徴

その中で、第五戒だけに見られる特徴がある。

十戒の第一戒から第三戒と第六戒から第十戒は、「～してはならない」という禁令である。否定的な行動を挙げて禁止するのは、それまで日常的に行われていた偶像礼拝など、経験上起こった行為や、これからも起こりうる事柄であろう。それらを禁じるのは「私は主、あなたの神、あなたをエジプトの地、奴隷の家から導き出した者である」（出エジプト記 20:2）と言われる方が発令者であるからだ。

それに対し、第四の「安息日を覚えて、これを聖別しなさい」と第五の「あなたの父と母を敬いなさい」は禁令ではなく、積極的な勧めの言葉であ

る。ただ第四戒の安息日規定には、「主の安息日であるから、どのような仕事もしてはならない」（同 20:10）という禁止内容が付加されるので、禁止せず命じているのは第五戒のみである。これは、父母に対する具体的な敬い方や、両親を重んじる度合いに上限は設けられていないということであろうか。

さらに第五戒には「そうすればあなたは、あなたの神、主が与えてくださった土地で長く生きることができる」との言葉が添えられている。ここに一枚目の板に共通の「あなたの神、主」という定式が含まれるのだが、内容は明らかにご褒美の言葉である。父母を敬う人には、長寿の祝福が与えられる。しかもただの長生きでなく、主なる神が土地を与えてくださり、その土地の上で安住できるという保証付きでの長寿の約束のようである。その土地は原文では「あ・な・た・に与えてくださった土地」と書かれており、「先祖代々の嗣業の土地」であるとは限定されていない。

申命記版十戒の第五戒は「あなたの神、主が命じられたとおりに、あなたの父と母を敬いなさい。そうすればあなたは、あなたの神、主が与えてくださった土地で長く生き、幸せになることができる」（申命記 5:16）とあり、土地の授与と長寿に加え、幸福の保証さえ約束されている。

なぜ、第五戒だけに特別にこのような祝福が加えられているのだろうか。あるいは、それほどに父母を敬うことは特別に難しいことで、それができたら称賛され、報いを得るような事柄なのだろうか。

否、ポジティブな表現とは裏腹に、父母を敬うという当然のことをする人は、ふつうに良い人生を送れるものだと告げているのかもしれない。これを裏返せば、父母を敬わない人に対する呪いの言葉に変わるのではないか。

レビ記 20 章 9 節には「父母を呪う者は必ず死ななければならない。父母を呪ったからである。その血の責任はその者にある」とある。「必ず死ぬ」とは、「必ず死刑に処せられる」（新共同訳）という罪の罰としての死のことである。また、同 11 節に「人が父の妻と通じたなら、父を辱めたために、両者とも必ず死ななければならない」とある。レビ記によれば、父母を呪うこと、辱めることは、死罪に値する罪である。当然、主なる神から与えられていた土地は取り上げられ、その一家は絶たれるだろう。

　父母を見下し、軽んじたり、呪ったり、居たたまれなくするようなことは、人として恥ずべき行為であるので、決してしてはならない。その共通理解は根底にある。その上で、言葉としては、レビ記では呪いが、十戒の第五戒では祝福が語られている。両者はコインの裏と表のようであるが、どちらも神の御心を表している。

なぜ父母を敬うのか

　では根本的な問題として、なぜ、「あなたの父と母を敬いなさい」と主は命じておられるのか。

　生物学的な両親を指す場合、あなたの父と母からあなたが生まれたからである。命を生み出してくれた存在を軽んじることは許されない。創造主なる神に対するのと同じである。命を与えてくれた存在を軽んじるとは命を軽視することだ。自分の命の根源を軽んじることは自己否定に直結する。あるいは反対に自己本位の傲慢な生き方に陥る。どちらにせよ主と共に人と共に喜んで生きるという幸いを自ら遠ざけてしまう。「若き日に、あなたの造り主を心に刻め。災いの日々がやって来て 『私には喜びがない』と言うよわいに近づかないうちに」（コヘレトの言葉 12:1）。

　もちろん、子は授かるもので、生命の誕生は厳かな神秘である。「まことにあなたは私のはらわたを造り　母の胎内で私を編み上げた」（詩編 139:13）と謳われるように、まことの命の与え主は、神である。父と母は、命の授与と子の誕生という神のみわざに参与させられて、光栄にも人の親となることをゆるされた者たちにすぎない。その親の親も、幾世代にも遡っても同じことである。人の営みはつねに変わらず、「あなたがたは、産めよ、増えよ。地に群がり、地に増えよ」（創世記 9:7）との主のご命令に従い、祝福を受けている。人の先祖を遡れば、最初の人アダムに、そして神にたどり着く。そのような命の連鎖の祝福の中に自分も置かれて生かされているのだと知る時、「あなたの父と母を敬いなさい」という神の言葉は燦然と光を放つ。命の根源である存在を敬うことは神から与えられる基本法である。

養育者としての両親

　他方、あなたの父、母とは、生みの親とは限らない。あなたを養育し、教育し、成長させてくれる存在が父母である場合がある。第五戒は血の繋がらない親子関係を排除していない。事情により実の子ではない子を育てる場合もある。そういう親子も等しく同じ神の言葉の前に立たされる。

　実に、主イエスの養父ヨセフがそうであった。クリスマスのたびに、私たちは、マリアの夫ヨセフの苦悩と、しかし神の声を聞いて聖母子を迎え入れ、頼もしい養護者となる変化に思いを馳せる（マタイ 1–2 章）。このヨセフの姿に真の父親らしさ、男親の使命と責任を見させられる。母マリアと養父ヨセフの協力のもとに幼子イエスは育った。子ども時代を信仰深い両親の元で過ごし、成長すると大工である父を手伝い、母と弟妹たちの生活を支えたようである（マルコ 6:3）。また、主イエスは十字架上で、母マリアのことを愛する弟子に託していかれた（ヨハネ 19:25 以下）。主イエスご自身、地上にて、第五戒をなしておられた。

　生まれた命が育つには養育者が不可欠である。実子であろうと養子であろうと、守り育て、養い、成長させてくれた存在に子が感謝し、父母のように慕い、敬うのは当然である。子育ては容易ではない。親は犠牲を払い献身的に子に仕える。また子を保護し監督し教育する責務を親は負う。

宗教教育者としての両親

　イスラエルの伝統では、律法を教える両親への尊敬は基本であり、知恵文学、ことに箴言では特に奨励される。「子よ、父の戒めを守れ。母の教えをおろそかにするな」（箴言 6:20–22。ほかにも箴言 1:8; 10:1; 23:22 など）。イスラエルにおいて、個人が民族と切り離されて考えられることはない。個人はまず家族と固く結び合い、さらに氏族、部族に属し、イスラエルという民族的かつ宗教的共同体を構成する一員となる。主に父系家族であり、父は家長としてまた宗教的権威者として重んじられた。子に対しては母も同様の立場である。両親は子どもに対して主なる神の権威を代表するものであり、したがって、家庭における宗教教育、信仰の継承は両親の義務であった。これ

を怠れば、親子は神の裁きや社会的恥辱を免れない（サムエル記上 3:13; 箴言 17:25）。それゆえ、親は教え諭し、子は聞き従うという上下関係が自ずと成立する。そもそも十戒は、イスラエルと神の間の「上下契約」で「基本法」である。これが親子の関係にスライドされ、「子は父を、僕は主人を敬うものだ」（マラキ書 1:6）というように、民の神への服従が子の両親への服従に結びついている。

上の人と下の人？

キリスト教教理では、この上下関係が範囲を広げて適用されてきた。第五戒の父と母とはだれのことであるかについて、たとえばウェストミンスター大教理問答は「本来の両親ばかりでなく、すべて年齢や賜物で上の人、特に家庭・教会・または国家社会のいずれであれ、神のみ定めによって、権威上わたしたちの上にある人を指すのである」と答えている（問 124 の答）。下の人には上の人に対する尊敬と服従が求められ、上の人は下の人に愛情と褒賞で応えよと教えている。16、17 世紀のキリスト教国の福音主義信条に示されたそのような精神は、現代にも通じるものの、不人気は免れまい。家父長的で封建的と敬遠され、一部の組織を除き、権威主義を振りかざすことは嫌悪される。ここで尊敬を払うべき「上の人」も当然神を畏れ敬う人であろう。第五戒は第一戒を前提としている。したがって、現代の宗教教育なき社会においては、第五戒の適用をこのように広げることは難しいのではないか。

親子の相互関係

イスラエルのような宗教教育を欠いても、血縁によらずとも、親子関係を成り立たせるものは、相互の愛である。見返りを求めない無償の愛を父母が子に注ぐからこそ「この父母の身分に対して、神は御自身の下にあるすべての身分を超えて特別に価値を与えたもうた」（ルター）。

親子間の愛は無償の愛と言われるが、一方的、支配的であってはならない。子は親の所有物ではない。子と心を通わせ、互いの人格を認め、非を赦し合ってこそ健全な親子関係が築かれる。父母は、子産み、子育てという忍耐を

要する難事業のなかで、神を思う。神から預かった命を必死に守り育むことを通して、人の親として成長する。

　思い通りにならない子に体罰や虐待を繰り広げ、死なせる事件が後を絶たない。親も子を軽んじてはならない。主なる神は「幼子や乳飲み子の口に……賛美の歌を整えられ」(マタイ 21:16; 詩編 8:2–3) る方であるから。

　それゆえ第五戒は、「子よ、あなたの父と母を敬いなさい」の反照として、「親たちよ、あなたの子を重んじなさい」との戒めをも響かせているのではないか。主イエスは言われた。「子どもたちを私のところに来させなさい。妨げてはならない。神の国はこのような者たちのものである」(マルコ 10:14以下)。親も子も等しく神の前に立つ者であると知る時、相互を重んじ、人格を尊重し合うことの大切さが際立つ。

子の務め

　やがて子は成長し、親との力関係は逆転するだろう。その時こそ第五戒をなさねばならない。それはただちに、あなたの老いた父、母を敬うことの実践命令となる。

　ルターは大教理問答で、この戒めが要求する両親への尊敬の第三のこととして「両親が年老い、病弱の時、あるいは貧困にある時、よろこんで世話をするだけでなく、それを神の前でするように、謙虚と尊敬をもってしなければならない。心において、両親をどのように考えるべきであるかを知っている者は、彼らを飢えさせ、あるいは不自由にさせたりしないで、彼らを自分の身近に置き、その持てる物また手に入れる物を分かち合うであろう」と説いた。

　高齢になり働けなくなり、動けなくなった父母に対し変わらぬ敬意と愛情をもって接すること。親の老後の生活を支え、経済的にも身体的にも寄り添っていくこと。身体機能が衰え、できないことが増え、頑迷で卑屈になる老親を見捨てないこと——。成人してからは、婚姻や養子縁組等による義理の両親も含めて、どのように老いた父母を敬い、どこまで具体的に実践するか。これは、現代日本の核家族化した少子高齢社会において、現実的で切実な課

題である。

　しかし、世を超えて、神の言葉はとこしえに立つ。両親への尊敬の戒めが神の御心だと信じるなら、それが私たちの判断や行動を正しく導く基準となるだろう。しかも主は加えて言われた。「そうすればあなたは、あなたの神、主が与えてくださった土地で長く生きることができる」と。

黙想のために

　父母を敬えとは、神を敬うことに重なる。十戒を授与されたイスラエルは契約による信仰共同体にして神の民であり、結婚して家庭を持ち、親となって子に宗教教育を行い、信仰の継承をするのが当たり前だった。現代日本とは多大な乖離がある。非婚少子化、核家族化の超高齢社会で、家庭でも家父長制は消え、個人が主体。家庭内暴力、育児放棄、家庭崩壊といった病理が巣食う。それでも、だからこそ、主なる神は「あなたの父、母を敬いなさい」と命ぜられる。それは時代を超えて、真の幸いを約束する戒めなのである。

　教会に足を運ぶ人の中には、信仰の家庭に育っていない人や両親を敬えない人、親子の憎しみ合いに悩む人もいるだろう。かつて一人の高齢の女性が礼拝に訪れていた。最初は険しい面持ちだったが、数か月教会に通ううちにとても柔和な表情に変わった。聞けば「やっと人をゆるせるようになりました」という。家族問題に悩んでいたらしい。

　主イエスは、「私の母、私のきょうだいとは誰か」について「見なさい。ここに私の母、私のきょうだいがいる。神の御心を行う人は誰でも、私の兄弟、姉妹、また母なのだ」と言われ、教会を指し示した（マルコ 3:33 以下）。教会は神の言葉を聞き、御心を行う人たちの群れである。だから、どんな国のどんな時代精神においても変わらない神の命の言葉を、曲げることなく、怖じずに深め続ければよい。

　家族の綻びは、われらの主の父にして、すべての人の父である神の言葉がきっと修復してくださる。「我々には皆、ただひとりの父がいるではないか」（マラキ書 2:10）。神は「父の心を子らに　子らの心を父に向けさせる」

（同 3:24）と約束された方を遣わされた。この御子イエス・キリストを敬うことから私たちは出発するのだ。

主な参考文献

大住雄一『神のみ前に立って —— 十戒の心』教文館、2015 年

W. H. シュミット『十戒 —— 旧約倫理の枠組の中で』大住雄一訳、教文館、2005 年

関田寛雄『十戒・主の祈り』日本キリスト教団出版局、1972 年

W. バークレー『十戒 —— 現代倫理入門』牧野留美子訳、新教出版社、1980 年

第六戒

殺してはならない（出エジプト記 20:13）

本城仰太

命は誰のもの？

　現代ほど命が問われている時代はないと言っても過言ではない。「殺してはならない」という戒めは、聖書を読んだことがない人にとっても、自明のことであると言える。しかし、その戒めの重要さを誰もが認めながらも、命が軽んじられている世の中が作り上げられている。いとも簡単に人が殺されているニュースが流れ、命が見捨てられている現実が世界の至るところにある。他人の命を殺さないことだけでなく、私たちの身近にも迫っている自死の問題も考えなければならない。人工妊娠中絶の問題もあり、出生前診断の結果が思わしくなければ中絶という選択肢が出てきてしまうこともある。人生の終わりにあたっては、安楽死や尊厳死の問題もある。これらは決して遠くにある問題ではなく、私たちのごく身近に、教会の中にも存在する問題である。これらの命の問題に直面し、私たちは「殺してはならない」という戒めをどのように聴いたらよいのだろうか。

　「殺してはならない」（出エジプト記 20:13）。これは十戒の第六戒である。この第六戒は、十戒の他のすべての戒めの根源と言っても過言ではない。な

ぜなら命にかかわる戒めだからである。十の戒めの土台となるのが、十戒の前文である。「私は主、あなたの神、あなたをエジプトの地、奴隷の家から導き出した者である」（同20:2）。これは神が自己紹介をしてくださっている言葉とも言われる。神はいかなる神なのか。イスラエルの民はエジプトで奴隷生活をしていた。その奴隷状態から導き出し、贖ってくださった神なのである。それゆえにイスラエルの民は、今や贖われた命を生きているし、十戒をもとに神を神とする生活をし、神を愛し、隣人を自分のように愛する生活をすることが求められている。その意味では、十戒の第六戒が大事な十戒の前文とかかわりを持ち、すべての戒めの土台となっていると言えるのである。

　そしてまた、イスラエルの民がエジプトでの奴隷生活から贖われたように、キリスト者も罪の奴隷から贖い出された命の中に生きている。だから私たちは自分の命はキリストによって贖われた命であり、他人の命もキリストによって贖われた命、あるいは贖われる命、あるいは贖われるだろう命として見なければならない。

　私たちは本当にこの命を重んじているだろうか？　聖書は一貫して、私たち人間が神によって造られた命を生きていることを語る。「殺してはならない」という戒めを黙想するにあたって、私たちの命が神から与えられたものであるというところから出発しなければならない。

第三の道はないのか？

　命が誰のものであるか？　神のものである。このことをわきまえないと、私たちが神のようになってしまう過ちを犯すことにつながる。

　例えば戦争や死刑。人を殺すということに直結してくるこれらのものの中には、聖書の中において、正当化されているものもあると読める。しかし私たちは、今の事例にしても過去の事例にしても、聖書を根拠にして正当化することができるのだろうか？　戦争において、「神の名」が持ち出されることがある。それによって正義の戦争とされ、神の名において殺人が正当化されてしまうのである。命は神のものなのに、その命を自由に扱うことができるように、人間は神の名を誤って用いる罪を犯す。

　戦争だけでなく、私たちの身近でも構図は同じである。殺人だけでなく、敵意、憎しみ、復讐心……。相手をどうしても赦せないという声が自分のうちにある。「あなたは怒っているが、それは正しいことか」（ヨナ書 4:4）。私たちのうちにも、負の感情を正当化しようとする思いがある。ヨナは正当化しようとした。「もちろんです。怒りのあまり死にそうです」（同 4:9）。しかし神は問われるのである。「それは正しいことか」（同節）。

　「殺してはならない」という戒めは、私たちの思いをもっと広げるようにと私たちに迫る。今の自分の考え方を打破するようにと迫る。例えば、戦争勃発の際に問われる「やるか、やられるか」という問い。このままの状況だと自分たちが「やられてしまう」。だからその前に「やっておく」。しかしこの問いの立て方そのものに問題がある。「事柄はいつも複雑であることを私たちはよく理解し、『やるか、やられるか』という二つの道以外に、必ず『第三の道』が存在していることを考え抜かなければなりません。キリスト者は、どこまでもこの第三の道を、想像し抜く力が与えられています」（大嶋重徳『自由への指針』132 頁）。

　「やるか、やられるか」というのは、すでに前提条件が間違っているとされる。なぜならどちらも暴力の道であり、どちらも敵意が前提とされているからである。しかしもっと違う道があるはずである。暴力や敵意を前提とせず、平和に過ごす道である。「できれば、せめてあなたがたは、すべての人と平和に過ごしなさい。愛する人たち、自分で復讐せず、神の怒りに任せなさい」（ローマ 12:18–19）。

　「殺してはならない」。十戒の第六戒もそうであるが、十戒の多くは禁止の戒めである。しかしそれをしなければそれでよいということにはならない。私たちの命を造られた生ける神が、私たちに何を求めておられるか。私たちが神になって命を自由に扱うのではなく、神に与えられた命を生きる私たちがこの命をどう用いるべきなのか、私たちの思いを広げ、まさに「第三の道」を考えていかなければならないのである。

殺人前後の感情

ここでは聖書の中で最初の殺人がなされてしまったカインとアベルの出来事を黙想していこう。

この物語の最初は命の誕生から語り始められる。「さて、人は妻エバを知った。彼女は身ごもってカインを産み、『私は主によって男の子を得た』と言った」（創世記 4:1）。この命が誰のものかをよくわきまえていた発言であり、エバも命が与えられた喜びに溢れている。

終わりの部分も興味深い。「アダムは、さらに妻を知った。彼女は男の子を産み、セトと名付けて言った。『カインがアベルを殺したので、神がその代わりに一人の子を私に授けられた』」（同 4:25）。ここでもエバの発言が取り上げられている。カインの時と同様、セトの命が与えられたことの喜びに溢れている声である。創世記第 4 章は、命が与えられる出来事が最初と最後にあり、まさに神から与えられた命と命に挟まれている中で起こった出来事を語っている。

カインが与えられた後、弟アベルが与えられる（同 4:2）。しかしその命が兄カインによって奪われてしまう。殺人はいきなり起こったのではなく、殺人の根がひそかに芽生えていた。「カインは激しく怒って顔を伏せた。主はカインに向かって言われた。『どうして怒るのか。どうして顔を伏せるのか。……』」（同 4:5-6）。

このような感情をどう捉えるかが黙想の鍵となる。なぜなら、「殺してはならない」という戒めを、心で聴くことが大事になるからである。主イエスは十戒を、神を愛すること、隣人を自分のように愛することと要約された（マタイ 22:37-39）。愛という、いわば感情が大事だと言われたのである。その愛と正反対の感情をカインは抱いてしまった。怒り、憎しみ、敵意、そして殺意……。ハイデルベルク信仰問答の言う、「憎む方へと生まれつき心が傾いている」（問 5）という状態である。

弟アベルを殺害してしまったカインに、さらに追い打ちをかけるようにして心に芽生えた感情は恐れである。「私の過ちは大きく、背負いきれません。あなたは今日、私をこの土地から追放されたので、私はあなたの前から身を

隠します。私は地上をさまよい、さすらう者となり、私を見つける者は誰で
あれ、私を殺すでしょう」（創世記 4:13–14）。このカインの言葉に表れてい
るように、カインの殺人は新たな恐れを生んだ。罪の恐ろしさは、負の感情
が連鎖してしまうところにある。カインは放浪の旅をすることになるが、復
讐されることを恐れるのである。「他の地にも人が住んでいて、その人びと
がカインの罪に対して復讐するのではないかという恐れでありました。弟殺
しの報復を受けるのではないかという不安です」（加藤常昭『十戒・ルターの
小教理問答』289 頁）。

　恐れ、不安、それらに取りつかれたカイン。「殺してはならない」という
戒めが破られるところに、感情の破綻がある。殺人が実際に行われる前に、
カインの感情は破綻してしまっていた。「怒って顔を伏せた」（創世記 4:5）
とある。神と対話しているはずなのに、カインの心が神の方に向かなくなっ
てしまうのである。「知りません。私は弟の番人でしょうか」（同 4:9）と言
った時にも、神との関係が完全に破られていた。

　こうなるともはや、神や隣人と心と心を通い合わせ、心と心で向き合うこ
とができなくなってしまう。罪が生み出されるところには、このような感情
の破綻がついて回ることになる。罪の問題の解決が根本的になされるまでは、
永遠に続く問題と言えるだろう。

「殺人の根」と「隠れた殺人」

　引き続き、心や感情の面から黙想を続けていこう。ここではハイデルベル
ク信仰問答（吉田隆訳）を手掛かりにして、黙想を深めていく。

　問 105「第六戒で、神は何を望んでおられますか」。

　答「わたしが、思いにより、言葉や態度により、ましてや行為によって、
わたしの隣人を、自分自らまたは他人を通して、そしったり、憎んだり、侮
辱したり、殺してはならないこと。かえってあらゆる復讐心を捨て去ること。
さらに、自分自身を傷つけたり、自ら危険を冒すべきではない、ということ
です。そういうわけで、権威者もまた、殺人を防ぐために剣を帯びているの
です」。

　ここでの答えは、単に殺さなければそれでよいとは言わない。殺人という行為だけでなく、「思い」「言葉や態度」までも問われている。「そしったり、憎んだり、侮辱したり、殺してはならないこと」とあるように、「殺人」が「そしり」「憎しみ」「侮辱」と並列されて置かれている。さらには「復讐心を捨て去ること」とも言われている。興味深いことに、ハイデルベルク信仰問答でも「殺人」が「憎しみ」や「復讐心」という感情と同列に並べられている。人間の心が根っこから腐っていくからである。

　続く問いでは、さらに深められる。

　問106「しかし、この戒めは、殺すことについてだけ、語っているのではありませんか」。

　答「神が、殺人の禁止を通して、わたしたちに教えようとしておられるのは、御自身が、ねたみ、憎しみ、怒り、復讐心のような殺人の根を憎んでおられること。またすべてそのようなことは、この方の前では一種の隠れた殺人である、ということです」。

　ここでもさまざまな感情が出てくる。「ねたみ、憎しみ、怒り、復讐心」という感情のことを「殺人の根」と定義づける。さらにはそれらの感情を抱くことは「隠れた殺人」であると断言する。あんな人がいなければよいのに、こういう類いの人がいなければもっとやりやすいのに、と思ったことが私たちにはあるはずである。しかしこれもまた「殺人の根」であり「隠れた殺人」であるとされ、「殺してはならない」という戒めを破ったことになってしまうのである。

共に生きる

　それではどうしたらよいのか？　この腐った心をどのようにして変えることができるのか？　続く問答へと進んでいきたい。

　問107「しかし、わたしたちが自分の隣人をそのようにして殺さなければ、それで十分なのですか」。

　答「いいえ。神はそこにおいて、ねたみ、憎しみ、怒りを断罪しておられるのですから、この方がわたしたちに求めておられるのは、わたしたちが自

分の隣人を自分自身のように愛し、忍耐、平和、寛容、慈愛、親切を示し、その人への危害をできうる限り防ぎ、わたしたちの敵に対してさえ善を行う、ということなのです」。

　ハイデルベルク信仰問答は、「殺してはならない」という戒めを消極的にではなく、積極的に理解している信仰問答である。「殺してはならない」という戒めから、神は何を求めておられるか。「あれかこれか」で考えてしまう私たちの思いを「第三の道」へと広げるのであれば、「相手を生かし、愛する」という道が拓かれる。

　それではどうすればよいのか？　どのようにして負の感情を捨て去り、愛を芽生えさせればよいのか？　これまでに黙想してきたように、私たちはこの戒めに耐え得ない罪人である。かつてある求道者とこんな対話をしたことがある。その求道者は問うた。「神はどうして人間の心を、こんなマイナスの感情を抱くように造られたのか？」。確かに人間だれもがそのような感情を抱く。しかしこの求道者は、それを神のせいにすることによって解決を図ろうとしたのである。私はこう答えた。「神のせいにするのはたやすいこと。しかしそれでは何の解決にもならない。解決する唯一の道は、悔い改めることだ」。神のせいにしたり、人のせいにしたりしても、結局、自分は変わらない。自分のせいとして、自分の腐っている心が問われているのである。心を根本的に変えていただかないといけない。

　改めて、それではどうしたらよいのか？　ヨハネの手紙一に、カインのことが出てくる。「カインのようになってはなりません。……なぜ殺したのか。自分の行いが悪く、兄弟の行いが正しかったからです。きょうだいたち、世があなたがたを憎んでも、驚いてはなりません。私たちは、自分が死から命へと移ったことを知っています。きょうだいを愛しているからです。愛することのない者は、死の内にとどまっています。きょうだいを憎む者は皆、人殺しです。人殺しは皆、その内に永遠の命をとどめていないことを、あなたがたは知っています」（Ⅰヨハネ 3:12–15）。「自分が死から命へと移った」と断言している。もはや私たちはカインではない。殺す者ではなく、愛する者にされていると言う。いかにしてそうなったのか？　続く箇所はこのよう

に言う。「御子は私たちのために命を捨ててくださいました。それによって、私たちは愛を知りました。だから、私たちもきょうだいのために命を捨てるべきです」（同 3:16）。とても興味深い言葉である。人を愛し、人を生かすために、自分の命を捨てる必要があると言うからである。その愛の核にあるものとして、「御子は私たちのために命を捨ててくださいました」という出来事があるのである。

　主イエスが私たちの腐った心を変えるために、命を捨ててくださった。この出来事を通して注がれた愛のみが、私たちの心を変える。「私たちも……命を捨てるべき」と言えるほどに私たちは変えられる。私たちの腐った心を変えるために、神がいかに大きな愛を注いでくださり、私たちを生かしてくださったか。説教の務めは、この一点を語りきることに懸かっているのである。

祈りを広げるために

　「殺してはならない」という戒めを聴くために、心（感情）を軸にして黙想をしてきた。心でこの戒めを聴くために、この戒めを私たちに授けられた神の御心を、何よりも私たちは聴き取らなければならない。神は私たちの命を造り、育み、愛し、贖い、重んじてくださるお方である。その命を互いに重んじて生きることを、この戒めを通して神は望んでおられる。

　そのために、私たちの心が何としても変わらなければならない。ハイデルベルク信仰問答の証拠聖句にもなっているが、「殺人の根」とも言える罪の心を私たちは持っていた。「肉の行いは明白です。淫行、汚れ、放蕩、偶像礼拝、魔術、敵意、争い、嫉妬、怒り、利己心、分裂、分派、妬み、泥酔、馬鹿騒ぎ、その他このたぐいのものです」（ガラテヤ 5:19–21）。私たちはこのような心の持ち主であったが、聖霊によって変えられた。「これに対し、霊の結ぶ実は、愛、喜び、平和、寛容、親切、善意、誠実、柔和、節制であり、これらを否定する律法はありません。キリスト・イエスに属する者は、肉を情欲と欲望と共に十字架につけたのです」（同 5:22–24）。

　「これらを否定する律法はありません」と断言されている。「殺してはなら

ない」という戒めを聴くためには、「これら」を抱く心が必要である。私た
ちの心はその心へと変えられた。神が変えてくださったのである。私たちが
結ぶ実ではなく、聖霊の結ぶ実である。

　私たちの目指すところは、私たちの心を変えてくださった恵み深い神を知
ることである。神がどれほど私たちに心を向け、愛の熱意を注いでくださっ
たか、そのことがわかれば十分であると言っても過言ではない。神が御子の
命をお与えになるほどに私たちの命を重んじてくださった。その神が私たち
に命じているのである。「殺してはならない」、と。

参考文献

大嶋重徳『自由への指針──「今」を生きるキリスト者の倫理と十戒』教文館、
　　2016 年

加藤常昭『十戒・ルターの小教理問答』（加藤常昭説教全集 28）教文館、2006
　　年

『ハイデルベルク信仰問答』吉田隆訳、新教出版社、1997 年

第七戒

姦淫してはならない（出エジプト記 20:14）

朝岡　勝

自由の道しるべ

　今日、教会において十戒にはどのような意味があるのだろうか。また今日どれだけの教会で、どのような仕方で十戒は取り扱われているだろうか。

　旧約の時代や文化と大きく異なり隔たる日本社会において、とりわけ「マモンの神」が祭り上げられる時代、「多忙さ」が幅を利かせて礼拝の自由も揺さぶられる時代、封建的な家父長制的な家族観が復古し、経済的搾取が常態化し、いのちが経済性や効率性、社会的有用性とトレードされる時代、性差別や性暴力が蔓延し、社会全体が尽きることのない貪欲に突き動かされているこの時代に、教会はどのように十戒を受け取り、唱え、説くのだろうか。

　かつて筆者が仕えていた教会で、ある時から礼拝で十戒を唱和するようになったが、そこに行き着くまでにはさまざまな議論があった。「求道者に配慮が必要」、「礼拝時間が長くなる」、「毎週十戒を唱えさせられるのはしんどい」などなど。そのような声があることを踏まえて、朝の礼拝、夕の礼拝の説教で、水曜祈祷会の教理の学びで繰り返し十戒を説いてきた。こうして十戒の唱和が始まり今日に至っている。唱えつつ学び、説きつつ教えられ、受

け取りつつ生きることを繰り返していくことの中で、「自由の道しるべ」(J. M. ロッホマン) に沿った歩みを続けたいと願っている。

第七戒の射程

「姦淫してはならない」。私たちはこの戒めを、どこまでの射程でとらえるのだろうか。この黙想では、出エジプト記 20 章 14 節を、新約聖書のパウロが記した三つのテキスト、すなわちローマの信徒への手紙 13 章 8–10 節、ガラテヤの信徒への手紙 5 章 13–14 節、そしてコリントの信徒への手紙一6 章 18–20 節の光のもとで記していきたい。

　第七戒に限ったことでなく、十戒を今日の教会において説くには釈義によってテキストの持つ意味を歴史的・文化的脈絡において理解することが必要である。その際に心したいのは、テキストの歴史的・文化的脈絡が明らかになることによって意味範囲が狭く限定される方向に進み、戒めの持つ規範性が緩められ、戒めの前に立つことによって生じる「後ろめたさ」を薄める方向に作用することがあるという自覚である。

　この自覚は、説教者に第七戒を説くことへの苦手意識を生むことにもなる。そのような中、スイスの名説教家ヴァルター・リュティが『十戒——教会のための講解説教』において、十戒の第七戒を「結婚生活」、「不倫」、「独身生活」の三回にわたって念入りに説き明かすのは新鮮である。第七戒の範囲は本来、人間のあり方に深く広く関わるものだからである。

　第七戒の「姦淫してはならない」を、第六戒の「殺してはならない」と第八戒の「盗んではならない」との結びつきで理解することは重要であろう。神が人をご自分のかたちに創造され、男と女とに創造された人の間に肉体の交わりを伴う深い人格的な関係を与えられ、いのちの恵みが受け継がれる交わりを開いてくださった。それが「姦淫」の罪によって、このような深い人格的な結合から肉体の交わりだけが切り離されていく時、神のかたちとしての人間の尊厳は傷つけられ、奪われていく。このような他者の尊厳の簒奪は第六戒に触れるものであろう。また「姦淫」の罪は、隣人との正しい交わりの関係を破壊し、隣人の結婚関係を侵害するものである。このような隣人の

結婚関係の収奪は第八戒を犯すものであろう。

第七戒に生きる道

　第七戒における「姦淫」が極めて限定的な意味の言葉だったことはよく知られている。第七戒が禁じるのは、男性が他人の妻やすでに嫁ぐ相手が決まっている許嫁の女性と性的な関係を持ち、それによって他者の結婚関係を破るということと言われる。そもそも今日と旧約時代の文化との隔たりは大きく、単純な比較は難しい。創世記の族長物語では一夫多妻の制度が描かれ、アブラムは子孫を残すために妻サライ公認のもとで女奴隷ハガルとの間にイシュマエルをもうける。ヤコブの息子ユダが嫁タマルを売春婦と思って関係を持ち、それによってペレツとゼラが生まれるという出来事が起こる。ソロモン王にいたっては七百人の王妃と三百人の側室を持っていたと記されるほどである。

　他方、聖書がそれら一夫多妻の制度や妻以外の女性との関係を持つことを何ら問題視していないわけではなく、族長ヤコブが二人の妻レアとラケルの間にあって懊悩する姿が描かれたり、ダビデが忠実な部下ウリヤの妻バト・シェバを自分の妻として奪い取る出来事が、彼の生涯最大の罪として取り上げられたりもしている。

　福音書において第七戒に直接言及される箇所のうち、重要なテキストはマタイによる福音書5章27–28節である。「あなたがたも聞いているとおり、『姦淫するな』と命じられている。しかし、私は言っておく。情欲を抱いて女を見る者は誰でも、すでに心の中で姦淫を犯したのである」。

　ここで「情欲を抱いて女を見る」というのは女性一般のことではなく、結婚している女性に限られるとする考えがある。新共同訳が「みだらな思いで他人の妻を見る」としたのは十戒の意味範囲に沿った翻訳と言えるが、原文の「女」を「妻」としたのは相当の意訳であろう。私たちは意味範囲が定められると、その範囲内よりも範囲外に思いを向けやすい。他人の妻以外なら女性に対して情欲を抱いてもよい、心の中で淫らな妄想に耽ってもよいと自分の都合のよい方に受け取ろうとする。

しかし主イエスがここで示されたことは、そのように女性をカテゴリーに分けて、人妻は情欲を抱いて見てはいけないけれど一般女性なら構わない、まして遊女や売春婦なら、などというように相手によって態度や振る舞いを分けることや、相手次第で罪に定められたり免罪されたりするようなダブルスタンダードの使い分けの知恵ではない。むしろ私たちが第七戒に生きる道を示すための、神のみこころの全面的な展開なのである。

第七戒をどう受け取るのか

では、私たちは第七戒をどう受け取るのか。確かに十戒は「戒め」であるゆえに、何が許されているか、何が禁じられているかという議論に終始しがちである。しかしその際に肝心なのは、人間が置き去りにされてはならないということであり、人間の生きる現実が捨象されてはならないということであろう。

かつて主イエスが「安息日は人のためにあるのであって、人が安息日のためにあるのではない」（マルコ 2:27）と言われた精神は、第七戒においても当てはまる。人間が置き去りにされた律法論争は不毛であり、人間の生きる現実が捨象された議論は抽象である。「神の戒めは、人間に対する神の語りかけであり、しかもその内容においても形においても、具体的な人間に対する具体的な語りかけである。……神の戒めは、無時間的、無場所的に見出されたり、知られたりするものではなく、時間と場所に結びついた言葉としてのみ聞かれうる。神の戒めは、その究極の点に至るまではっきりした、明確な・具体的なものである。もしそうでなければ、それは神の戒めではない」（ボンヘッファー『現代キリスト教倫理』314 頁）。

第七戒が求める生き方は、私たちが異性に対して情欲を抱いて見ることのないように、ひたすら目を閉ざして他者の関わりから身を引き、世界を閉ざして生きることではない。確かに時には淫らな誘惑から離れて生きるためには、目をつぶること、背けること、その場を去ることが必要な局面もあろう。しかし第七戒はそのような地点に私たちを留め置くものではない。第七戒は私たちを萎縮させる方向、閉じていく方向にではなく、私たちを交わりに生

きる者として、自由と喜びに生きる方向へと開いていくものなのである。

　福音書に続き、新約聖書において第七戒に直接言及されるテキストの一つがローマの信徒への手紙13章8-10節である。「互いに愛し合うことのほかは、誰に対しても借りがあってはなりません。人を愛する者は、律法を全うしているのです。『姦淫するな、殺すな、盗むな、貪るな』、そのほかどんな戒めがあっても、『隣人を自分のように愛しなさい』という言葉に要約されます。愛は隣人に悪を行いません。だから、愛は律法を全うするものです」。

　ローマの信徒への手紙は1章から11章までの教理篇を「こういうわけで」と受け取る12章1節から、「キリストにある新しい生活」を論じる。そこではキリストのからだである教会のあり方が教えられ（3-8節）、一人ひとりの主にある生き方が教えられ（9-21節）、13章に入ると「上に立つ権力に従うべき」（1節）として為政者たちへの態度が教えられ（1-7節）、続く8-10節で隣人愛を教える。そこに律法による義を越えてキリストの恵みによって生かされる信仰者の自由な生き方を見ているのである。そこでは十戒の一つ一つの戒めが「隣人を自分のように愛しなさい」に要約される。これはすでに主イエスが福音書において確認されたことである（マタイ22:37-39; マルコ12:29-31; ルカ10:25-27）。パウロはここで主イエスの律法理解を受け継ぎつつ、その焦点を明確にしている。

　第七戒を前にして直ちに「では何は許され、何は禁じられているか」、「何はしてもよく、何はしてはいけないか」という議論に進むことは、相手の人格を無視した独りよがりな態度であろう。「結婚の関係の外の、あるいは結婚の関係の前のセックスは許されるか否か」、「自分は既婚者でも相手が独身者であれば不倫にならないか」、「事実上結婚関係が破綻している夫婦なら、双方の同意のもとで他に関係を持つ相手を持つことは許されるか」、「プロ意識をもってセックスワークに従事している相手なら対価を払って受ける性的サービスは正当化されるのではないか」、「個人の趣味の範囲に留まるならば性的な妄想に耽ることは許されるのではないか」等々、これらの問いが単なる興味本位な態度で、あるいは一つの論理命題のように扱われるならば、それは「隣人愛」という方向性からずれてしまっている。

また実際に性をめぐる事柄で傷を受けたり、痛みを担ったり、深い悩みを抱えたりしている人、夫婦の間であっても敗北感や拒絶感に苛まれている人、セックス自体を罪悪と感じて禁欲主義に陥っていく人、性的誘惑に引きずられてその習慣から抜け出せない人、性依存症などの病を持つ人などに、それぞれの生きる現実を捨象して第七戒を振りかざすだけでは、それもまた「隣人愛」の方向から逸れていってしまう。

　十戒が示し、主イエスが示し、ローマの信徒への手紙が示す方向性は一貫している。「愛は隣人に悪を行いません。だから、愛は律法を全うするものです」（13:10）。肝心なのは、それが「愛」から出ているか、「愛」に根差しているか、「愛」に向かっているかということであろう。愛は関係性であるゆえに、必然的に自己中心、自分本位の閉じた世界に終始することを許さない。そこでは具体的な存在としての愛する「相手」が存在するのであり、その相手を「見出し」、その相手を「愛する」ほうへと向かうゆえに、愛は世界に対して開かれたものとなっていく。

自由へと召された者として

　ローマの信徒への手紙13章と重なり合う言葉として、パウロはすでにガラテヤの信徒への手紙5章13–14節で次のように語っていた。「きょうだいたち、あなたがたは自由へと召されたのです。ただ、この自由を、肉を満足させる機会とせず、愛をもって互いに仕えなさい。なぜなら律法全体が、『隣人を自分のように愛しなさい』という一句において全うされているからです」。ローマ書で律法を全うする「愛」を語るパウロは、ガラテヤ書では律法に生きる「自由」を語る。「あなたがたは自由を与えられるために召された」と。この自由こそ欲望に縛られ、放縦に流される奴隷的な自由でなく、神に召された者として愛をもって互いに仕え合うことのできる自由、「キリスト者の自由」（ルター）にほかならない。

　確かにルターは第七戒を生きる自由を、小教理問答において子どもたちにこう教えている。「私たちは神を畏れ、愛するのだ。だから私たちは言葉においても行いにおいても清く貞潔に生活し、各々その妻や夫を愛し、敬うの

だよ」（ルター『小教理問答』）。神を畏れ、愛するがゆえに、第七戒の射程には、夫婦が愛し合うのみならず、そこからさらに広がって親子が、兄弟姉妹が、隣人同士が、異なる民族、異なる人種、異なる思想や異なる宗教、異なる主義主張を持つ人々が、それでも互いに隣人の尊厳を汚さず、隣人の交わりを壊さず、互いを愛し、互いを敬い、互いを喜び合って生きることができる、そのような自由なる世界が見つめられているのである。

聖霊の宮として生きる

　またパウロはコリントの信徒への手紙一6章18-20節でこう語る。「淫らな行いを避けなさい。人が犯す罪はすべて体の外にあります。しかし、淫らな行いをする者は、自分の体に対して罪を犯すのです。知らないのですか。あなたがたの体は、神からいただいた聖霊が宿ってくださる神殿であり、あなたがたはもはや自分自身のものではないのです。あなたがたは、代価を払って買い取られたのです。だから、自分の体で神の栄光を現しなさい」。

　パウロがこの手紙を書き送ったコリント教会は、当時いくつもの深刻な問題を抱え、痛みの中にあった。教会内の分裂と対立が極まり、偶像礼拝がはびこり、主の晩餐や聖霊の賜物への無理解などから教会は大きく混乱し、それに加えて「淫らな行い」すなわち性的不品行の罪が横行していた。この問題をどのように扱い、乗り越えていったらよいのか。そこでパウロが示したのは「あなたがたの体は、神からいただいた聖霊が宿ってくださる神殿」であるという恵みの事実であった。単なる禁止や罰則の厳格化や禁欲の勧めではどうにもならない人間の罪と弱さに対して、その肉体の中に住まわれる聖霊への信頼を教えるのである。

　人知れず淫らな思いを抱き、情欲にさいなまれ、罪と汚れにまみれた私を、それでもあなたの体は聖霊が宿ってくださる神殿だと言い、あなたがたは代価を払って買い取られたと言う。この神の御子、肉体をとって来られたイエス・キリスト、私たちのために「義と聖と贖いとなられた」（Ⅰコリント1:30）イエス・キリストが私たちのもとに来られ、私たちの贖いの代価となってくださった。このキリストの贖いによって私たちはいまや自由の子、神

の子どもへと解放されたのであり、このキリストにある新しい生においてのみ、私たちが自由へと召された者として第七戒に生きる道が開かれるのである。

御言葉に生きるために

　ボンヘッファーは言う。「イエス・キリストにおいて啓示された神の戒めは、生の全体を包む。それは、ただ倫理的なもののように生の踏み越ええない限界を監視するだけではなく、同時に、生の中心と充実である。神の戒めは当為であるだけでなく、また許しであり、ただ禁じるだけでなく、また生への自由を与え、反省を加えない行為への自由を与える。……神の戒めは、私たちが人間として神の前に生きることの許しである」（ボンヘッファー『現代キリスト教倫理』317-318頁）。

　私たちはこの御言葉に生きるために、その否定面・消極面とともにその肯定面・積極面にも心を向けたいと願う。十戒が「〜してはならない」という時に、それが愛と自由において人を生かすものであるかを思い巡らしたいのである。

　そこで大切なのは「愛」である。罪ある私たちが、罪赦された者として主イエス・キリストにあって互いに出会い、互いに愛し、互いに尊ぶということ。これが第七戒を積極的に生きる道であることを明確に理解したい。第五戒の父母を敬うことも、第六戒の殺さないことも、そして第七戒の姦淫しないことも、第八戒の盗まないことも、第九戒の偽りの証言をしないことも、第十戒の貪らないことも、それによって神がともに生きるように与えてくださったかけがえない存在を、神の御前にあって、神を愛し、自分自身を愛するように一所懸命に愛する、一筋に愛する、存在をかけて愛することによって全うされるのである。

参考文献

大嶋重徳『自由への指針──「今」を生きるキリスト者の倫理と十戒』教文館、
　　2016年

大住雄一『神のみ前に立って──十戒の心』教文館、2015 年

ディートリヒ・ボンヘッファー『現代キリスト教倫理』（ボンヘッファー選集
　Ⅳ）森野善右衛門訳、新教出版社、1962 年

ヴァルター・リュティ『十戒──教会のための講解説教』野崎卓道訳、新教出
　版社、2011 年

マルティン・ルター『エンキリディオン 小教理問答』リトン、ルター研究所訳、
　2014 年

J. M. ロッホマン『自由の道しるべ──十戒による現代キリスト教倫理』畠山保
　男訳、新教出版社、1985 年

第八戒

盗んではならない（出エジプト記 20:15）

吉村和雄

　与えられている課題は、十戒の第八戒「盗んではならない」を、今わたしたちに与えられている神の言葉として説くことである。

　その時にわきまえておかなければならないことは、教会に集まる多くの人が、この戒めは、自分の日常にとって遠いものだと考えていることである。実際に、日常的に盗みを働いているという人が教会の中にいるということは考えにくい。大多数が善良な市民として健全な生活をしており、そのことを自覚しているだろうと思われるからである。

　しかしながら、だからといってこの戒めを聞くことが現代のわたしたちにとってさほど大きな意味がないと考えるとしたら、それは大きな間違いである。現代に生きるわたしたちであるからこそ、この戒めときちんと向き合い、自分の生活を整えていくことが求められるのである。なぜなら、現代においてこそ、「盗む」ということが巧妙に、場合によっては組織的に行われるからである。

　「盗む」という場合に、わたしたちはすぐに、形のあるものを奪い取ることを考えるが、現代において大きな問題になっているのは、情報を盗み取る

ことである。インターネットの環境において、個人情報が流出し、盗み取られる例は枚挙にいとまがない。他国の軍事機密を盗むことや、薬の開発に関わる情報を盗むことは、国家的なレベルで行われているし、企業の間でも、他社の情報を不正な方法を用いてでも入手するということは、よく行われる。

　ハイデルベルク信仰問答は、この戒めが禁じていることについて、以下のように述べている。

　「神は権威者が罰するような盗みや略奪を禁じておられるのみならず、暴力によって、または不正な重り、物差し、升、商品、貨幣、利息のような合法的な見せかけによって、あるいは神に禁じられている何らかの手段によって、わたしたちが自分の隣人の財産を自らのものにしようとするあらゆる邪悪な行為また企てをも、盗みと呼ばれるのです。さらに、あらゆる貪欲や神の賜物の不必要な浪費も禁じておられます」（問110の答）。

　ここでは、不正な手段のみならず、合法的であったとしても神に禁じられている方法によって他人のものを自分のものにする行為は総て「盗み」として挙げられる。最近問題になる買い占めや高値での転売などは、たといそれが法律に触れないとしても、隣人を愛することを命じておられる神の御心に背く行為であることを、明らかである。

　さらに、ごく日常的なことで言えば、お店から黙って物を持ち去る行為、いわゆる万引きなどは、若い人たちの間でも、高齢者の間でも多く見られると言われている。自分がそのような行為に手を染めなくても、家族や教会員の中でこういう過ちに陥る者が現れないとは言い切れない。その時に、家族として、教会の牧師として、教会の仲間として、どのように対処しまた指導するかは、大きな問題である。この戒めの持つ意味は、現代のわたしたちにとっても、決して小さくないのである。

神に対する罪

　そこで第一に考えなければならないことは、これが神から与えられた戒めであり、「盗んではならない」は神の命令だということである。盗むことは、相手に対する罪であるだけではない。何よりもまず神に対する罪である。盗

むことにおいてわたしたちは、相手に対して罪を犯し、その相手との関係を損なうだけではなく、神に対して罪を犯し、神との関係を損なうのである。その意味で、詩編第51編の著者が「あなたに、ただあなたに私は罪を犯しました。あなたの前に悪事を行いました」（6節）と言っているのは、真実を言い表している。具体的な行為は隣人に対してなされたものであったとしても、罪は神に対して犯されるのである。

　このことは、神の戒めを考える時の基本である。大分前に、自分のクラスの生徒から「どうして人を殺してはいけないのか」と問いかけられた教師が、それに答えられなかったという話が新聞で報じられたことがある。その教師だけではなく、いろいろな人がこの問いに答えようとしたが、すべての人を納得させる答えは見つからなかったと記憶している。

　それと同様に「どうして人の物を盗ってはいけないのか」という問いもありうるだろう。わたしたちの社会には経済的な格差があり、貧富の差も少なくない。富んでいる者の中には、不正な手段で、あるいは不正すれすれの手段で富を増している者も少なくない。そういう現実があることを言い訳にしながら盗みに手を出す者も、あるかもしれない。

　だからこそ、これが神の命令であり、これに違反することは神に対して罪を犯すことだ、ということが重要である。わたしたちは十戒のどの戒めにおいても、神の前に立ってそれを受けるのである。神の前においては、「なぜ人を殺してはいけないのか」「なぜ盗んではいけないのか」というような反問や言い訳が生まれる余地はない。社会が不平等であろうが不正が横行していようが、「盗んではならない」という命令は無条件に従うべき神の命令である。

　これが神の命令である、ということは、十戒の前文が重要だということである。これは十戒のすべての戒めについて妥当することであるが、これらは単なる命令なのではなく「神の」命令なのである。そしてその神とはどのような方かを示すのが、十戒の前文である。

　「私は主、あなたの神、あなたをエジプトの地、奴隷の家から導き出した者である」（出エジプト記 20:2）。

　ここで心を留めるべきは「あなたの神」という言葉である。これは神がアブラハムと結ばれた契約の中にあることであって（創世記17:7）、それと同じことを神はイスラエルに語っておられるのである。しかしながら困窮の中にあるイスラエルに対して「あなたの神」と言明することは、危険を伴うことである。わたしたちも、困っている友人に向かって「わたしはあなたの友だちだよ」と言うことに躊躇することがあるだろう。そう言ったならば友人の状況に無関係ではいられなくなるからである。イスラエルに向かって「あなたの神」と言うならば、そのイスラエルの困窮した状況と無関係ではいられず、その状況に自ら巻き込まれざるを得なくなる。だから、エジプトの地で奴隷として苦しめられていたイスラエルを、そこから導き出すことになるのである。この戒めは、イスラエルをエジプトの支配から解放してしまわれるほど彼らの状況に巻き込まれてくださり、そのようにして「あなたの神」でいますことを明らかにされた神が、イスラエルに与えられたものである。したがってこれらは単なる倫理や道徳以上のものである。自分が盗みの被害に遭うのがいやだから他人のものを盗まない、とか、盗みが横行すると社会が成り立たなくなるから、というような理由ではなく、わたしの神になってくださった方が命じておられることだから、というのが、これらの戒めを大切なものとして守る原動力である。

　ここでこれらの戒めが禁止命令ではなく断言命令の形で語られていることも意味があるだろう。つまり「盗んではならない」は言葉の通りに訳せば「（あなたは）盗まない」である。あなたの神であるわたしとの交わりの中で生きているあなたが、盗みを働くことなどあり得ない、という意味である。神との深い愛と信頼の関係の中でこそ、これらの戒めは意味を持つのである。したがってこの戒めに背いて他人のものを盗んだとき、それは被害者に対する罪であるよりも、神に対する罪になる。神の名を汚し、神との信頼関係を損なうからである。だから次のように言われている。

　「盗んではならない。欺いてはならない。同胞どうしで互いに偽ってはならない。私の名によって、偽りの誓いをしてはならない。あなたの神の名を汚してはならない。私は主である」（レビ記19:11–12）。

この戒めが命じていること

「盗んではならない」という戒めが命じていることは、単に物品の盗みのことではなく、第一に人間を盗むことであり、すなわち誘拐を禁じているのである。

「また、人を誘拐する者は、その人を売っていても、自分のもとに置いていても、必ず死ななければならない」（出エジプト記21:16）。

十戒の第六戒は殺人の禁止、第七戒は姦淫の禁止であって、これらの戒めに背く者は死罪と定められている。ここから第八戒も死罪に相当する罪を言っていると考えられる。家畜や物品の盗みでは死罪にはならない。しかし人を誘拐した場合には死罪と定められている。このことから、第八戒は人を誘拐することを禁じたものだと理解される。

古代の社会では労働力確保のために誘拐するということが日常頻繁に行われていたようである。創世記第37章では、ヤコブの息子であったヨセフが、他の兄弟たちによってエジプトへ向かう隊商に売り飛ばされたという出来事が記録されている。ヨセフはその後、エジプトの奴隷市場で、ファラオの宮廷の役人の家に奴隷として売られるのである。十戒は、誘拐がこのように非人間的な現実を生み出すとともに、イスラエルという共同体の秩序を破壊する行為であるがゆえに、これを明確に禁じたのである。

誘拐や奴隷制度は、人の自由を奪い取ることである。この場合に「盗んではならない」とは、人の自由を盗んではならないという意味になるだろう。自分が自由な生活をするために他人の自由を奪い取る行為は、古代の奴隷制度の社会だけにあるものではない。現代の企業においても、被雇用者に対して自分の自由を犠牲にして働くことを求め、それによって利益を上げることがよく行われる。あるいは夫婦の間においてさえ、一方が自分の好きなことをするために相手に多くのことを押しつけ、その自由を犠牲にすることを強いることは、よく見られることである。

そのように、この戒めは人の自由を奪い取ることを第一に禁じているのであるが、もちろんそれ以外のものの盗みも禁じていることは、明らかである。

先に挙げたハイデルベルク信仰問答に挙げられているように、不当なやり方で、たとえば高い利子をつけて人にお金を貸したり、元手はそんなにかかっていないのに高い値段をつけて物を売りつけたり、あるいは逆に相手が困っていることにつけこんで不当に安い値段で物を買いたたいてはそれを普通の値段で売って大きな利益を上げるようなことも、盗むことなのである。

現代では、聖書やハイデルベルク信仰問答が予想していなかったものが、盗みの対象になっている。情報や、知的財産と呼ばれるものである。わたしたちの知らないところで個人の情報が売り買いされることがあるし、また動画や漫画、コンピュータソフトなどの不正コピーなども、神に禁じられている盗みの行為であることは明らかである。

そのような中で、旧約聖書に以下のような言葉がある。

「父母のものをかすめ取り『これは罪ではない』と言う者は　滅びをもたらす者の仲間」（箴言 28:24）。

これは家族の間での盗みの例である。具体的にどのような物が対象になっているかは明らかではないが、ここで挙げられているのは、父母の財産である。他人の物を盗むよりも、家族の物、特に父母の物に対する盗みはハードルが低いのではないだろうか。子どもが親の物を自分の物のように浪費するのである。親が高齢になり、子どもの世話にならなければならなくなったときなどに、こういう問題が起こるだろう。こういうことが、家族の間に争いや分裂を引き起こすのである。ルカによる福音書第 15 章には、生きている父親から財産の取り分をもらった息子が、親への扶養義務を果たすことなく、すべて浪費してしまったという主イエスの例え話が書かれている。これも、親の物を盗む行為のひとつだと考えられる。

さらに、旧約聖書には次のような言葉もある。

「人は神の物を盗むことをするだろうか。しかしあなたがたは、わたしの物を盗んでいる。あなたがたはまた『どうしてわれわれは、あなたの物を盗んでいるのか』と言う。十分の一と、ささげ物をもってである」（マラキ書 3:8、口語訳）。

聖書協会共同訳では「神を欺く」と訳されているが、口語訳では「神の物

を盗む」と訳されている。内容的には同じことを言っている。神を欺くとは、献げ物をごまかすことである。それを、神の物を盗むと言い表しているのである。人間が神の物を盗むなどということは、およそ考えられないと思うかもしれないが、そうではない。親の物を盗む人間は神の物をも盗むのである。「盗んではならない」という戒めは、主に対する献げ物をも、その射程の中に捕らえているのである。

わたしたちに勧められていること

この戒めは、わたしたちに何を教え、何を勧めているのであろうか。もちろん、あらゆる意味での「盗み」の行為から自分自身を遠ざけることが求められているのであるが、その根底にあるものは何か。わたしたちを盗みの行為から遠ざける動機になるものは何であろうか。これは初めに述べた通り、神との関わりにその根拠があるのであるが、それは具体的にどのようなあり方をわたしたちに求めるのであろうか。

そこでいくつか、聖書が語る言葉を取り上げる。

「盗みを働く者は、もう盗んではいけません。むしろ、労苦して自らの手で真面目に働き、必要としている人に分け与えることができるようになりなさい」（エフェソ 4:28）。

これは盗みについて語ろうとするときにどうしても触れなければならない言葉であろう。教会の中に盗みを働いていた者がいたというのは驚きであるが、わたしたち誰もがその過ちに陥る危険性があることを著者は知っていたのかもしれない。ここで盗みをやめるようにと勧められるのであるが、そこで労苦して自分の手で働き、困っている人々を助けるようにと言われるのである。自立して、自分の生活を自分で支えなさいということに留まらない。そこから一歩を踏み出して、困っている仲間を助けるように、と勧められるのである。「盗むな」という命令は「助けよ」という命令につながる。

先ほど神に対する献げ物をごまかすことは、神の物を盗むことだと書いた。その献げ物について、神殿建築のための寄贈をしたダビデが、次のような祈りを献げている。

「私たちの神よ、今こそ私たちはあなたに感謝し、誉れある御名をほめたたえます。取るに足りない私と、私の民が、このように自ら進んで献げたとしても、すべてはあなたからいただいたもの。私たちは御手から受け取って、差し出したにすぎません」（歴代誌上 29:13-14）。

ここで言われていることは、わたしたちの献げ物は、それがどのようなものであっても、結局は神から受けたものであって、わたしたちは御手から受けたものを差し出しているに過ぎない、ということである。これは献げ物について考えるときの基本である。そしてそこから、次のような主イエスの言葉も理解できる。

「すると、イエスは言われた。『では、皇帝のものは皇帝に、神のものは神に返しなさい』」（マタイ 22:21）。

これは皇帝に税金を納めることは許されるかという問いに対する主イエスのお答えである。ここで「返す」という言葉が用いられる。これは自分が受けたものに対して当然の義務として返すという意味である。許されるかどうかという問題ではない。当然返すべきものだと主は言われたのである。それはわたしたちが、時の政治権力から受けているものがあると同時に、それ以上に、神から受けているものがあることを示している。献げることは、返すことである。わたしたちは、すべてのものを神から受けているからである。

この事実に対する感謝の思いが心にあるならば、そこから、経済的な格差や貧富の差があっても盗まない、というわたしたちの主体的な生き方が生まれてくるだろう。

参考文献

加藤常昭『十戒・ルターの小教理問答』（加藤常昭説教全集 28）教文館、2006年

『ハイデルベルク信仰問答』吉田隆訳、新教出版社、2012年

日本基督教団全国連合長老会日曜学校委員会編『続・明解カテキズム』キリスト新聞社、2009年

第九戒

隣人について偽りの証言をしてはならない（出エジプト記 20:16）

服部　修

黙　想

「隣人について偽りの証言をしてはならない」。

　この第九戒について黙想するに当たり、まず『十戒』（シュタム／アンドリュウ著）から、関連する説明部分を引用したい。

　「第九戒がもっぱら法廷での証言に関連しているのであって、虚言一般に関連しているのでないということは、ヘブル語原文を知っている人には全く明白である。このことはこの戒めをあまりに性急に虚言に関連させて解釈するということに対しては常に考慮されねばならない。すべての神学徒は、いかなる年齢の聴衆にも、この戒めの本来の意味を解明するつとめがあり、われわれに与えられている具体的な形態に対するその理解を、聴衆によびさますつとめがあるのである」（185 頁）

　これは、第九戒が「法廷における偽りの証言」に関する戒めであることをないがしろにしてしまうと、この戒めに対する正しい理解には到達しない、ということであろう。つまり、この点をしっかりと踏まえた上で、なぜ「法廷における偽りの証言」の戒めとして十戒の中で表明されたのかを理解

し、そこに至る背景を拾い上げて理解していかなければならない。逆に言えば、この点を踏まえるならば、単純に「法廷における偽りの証言」だけの意味で適応するのではなく、その他の事例、そして日々の生活に関わる戒めとしても十分考慮しうる、ということである。だからこそ、あまりに性急に解釈することに対しては、と述べられているのである。

　そもそもイスラエルの民が契約や法を重視していることは聖書の記述から明白である。神との契約こそがイスラエルの生命線であり、神の側からの契約の提示と、イスラエルの側からの契約破棄、そして神の側からの契約の再提示という歴史がそこに繰り返されているのである。その関連で法がイスラエルの民の生活の規範の一つとなったことはある意味自然な流れであったと言うことができる。そして本稿は旧約における契約と法の専門的な中身を取り扱う場ではないので、これ以上の専門的な議論を続けることは不必要であるが、少なくともイスラエルにおいて法の遵守は単に社会生活のためのものではなく、神との関係に基づく出来事であることを理解していれば十分と思われる。つまり第九戒もまた神との契約の理念と法遵守の流れの中に置かれているのである。

　この点を踏まえて言えば、「偽りの証言をしてはならない」との戒めは、実際には「隣人について」という具体性を示しつつ、その背景に本質的に「神に対して偽ることはできないのだから」という信仰が横たわっていることがわかる。つまり「法廷において語る言葉」は「神に対して語る言葉」と同等の意味を持っている。だからこそ、「法廷」という、ある意味特殊な場所で偽って証言することは、その法廷の場において、偶然行われたものではなく、突発的に行ってしまったものでもなく、日々の生活における、神に対する契約の履行の態度が「法廷」という特別な場において顕在化する、ということである。簡単に言えば、日頃嘘ばかりついている人間が法廷においていきなり誠実な証言者になれるか、と問われたとき、「それはありえない」とか「かなり難しい」という反応になって現れるようなものである。日々神

への契約履行に対して——完璧に誠実であることは難しいにしても——誠実であろうとする者が、法廷においても誠実な証言者となるのである。だからこそ根本において、神に対して偽らない、という契約と法意識が共有されていなければならず、その共有のもとにあって第九戒の「隣人について偽りの証言をしてはならない」との戒めへの共通の理解がもたらされるのである。誠実な証言者であるためには、常にイスラエルの契約の相手である神に対する誠実さが前提とされている。

　実際、法廷という場は、神を裁き主とした法廷を前提としていると言える。真実な裁き主は、主なる神のほかには存在しない。正義の裁判官としての神と、その神の前における法廷が契約や救いの中で想定されるとき、「法廷」は、それが人間の法廷であったとしても、根本的に法廷を支えている神の義が前提となる。人間の正しさが正しい裁きをもたらすのではなく、神の義だけが正しい裁きと救いをもたらすからである。

　例えばそれはイスラエルの歴史においては十戒付与後の物語にはなるが、「士師」が立てられる場面に見出すことができるであろう。士師記において「彼はイスラエルを治めた」（3:10。新共同訳では「士師としてイスラエルを裁いた」）との記述は、そもそも「主は士師たちを起こし、彼らを略奪者たちの手から救い出された」（同 2:16）に明言されているように、救いの業であった。つまり、正しく裁くことは救いへの道であることを示している。これは神の正しい裁きが人間に救いをもたらす、という理解を士師の働きの中に示したものである。それゆえに正しい裁きは、単純に道徳的正義の問題ではなく、救いの問題でもあることを伝えている。

　同様に、サムエル記において民が王を立てることをサムエルに求めた言葉がある。彼らはこのように願った。「我々を裁く王を立ててください」（サムエル記上 8:5）。ただし、この要求はサムエルにしてみれば「悪と映った」（同 8:6）とあるように、神が正しく裁いて救いをもたらすことを、人の王ができるかどうか甚だ不安に思っている心情が描き出されている。しかも嘆くサムエルの祈りに対して主の言葉として「私が彼らの王となることを退けて

いるのだ」（同 8:7）とさえ言われ、民が神を退けている、と述べられている。結果、主の了承のもと、民の求めに応じて王が立てられ、サウルが王となる物語が続くわけだが、この一連の出来事にも、主なる神こそが正しい裁き主であり、その正しさにおいて救いをもたらす、といった理解が示されている。

　だからまた、本来的に神が裁き主として立たれる法廷の場で、私がどのような者として存在するか、ということがこの戒めにおいて問われている。単純に偽証するかしないかの問題ではなく、神の義に対する信頼を持っているかどうか、また正しい裁きこそが救いをもたらすという期待を持っているかどうかの問題でもある。それゆえに法廷における偽証は、神への反逆であると同時に、正義と救いを遠ざけ、退ける愚行として、すべきではないものとして戒められている。

　それは証言する者としての偽証の問題だけではなく、士師に見られたように裁く側の問題、つまり裁きをねじ曲げることへの警鐘も含むと理解すべきである。それは例えばソロモンが王として即位する際に夢枕に立たれた主に対して申し出たソロモンの願いに見ることができる。すなわち、「どうか、この僕に聞き分ける心を与え、あなたの民を治め（新共同訳では「あなたの民を正しく裁き」と訳されている）、善と悪をわきまえることができるようにしてください。そうでなければ、誰がこの数多くのあなたの民を治めることができるでしょうか」（列王記上 3:9）。ソロモンのこの願いを主は喜ばれた。それは裁きをねじ曲げることは、単に道徳的不正義の問題だからではなく、神の義に対する反逆だからである。それゆえに、法廷は、審判者の側であろうが原告や被告の側であろうが、神の正義が遂行されなければならず、偽証はその遂行を妨げる罪として指摘され、偽って証言してはならない、と戒められるのである。

　正しい裁きを求めるソロモンの願いの底流にあるのは、レビ記 19 章 15 節である。そこにはこのように記されている。「裁きにおいて不正をしてはならない。弱い者に偏ってかばってはならない。強い者におもねってはならない。同胞を正しく裁きなさい」。正しい裁きとは、相手が弱い者であろう

と強い者であろうと同じである。裁かれる相手が弱いことを理由に裁きを曲げることも、強いことを理由に裁きを曲げることも神の義の前にあってはふさわしい態度ではない。常に神の義が遂行されるべきであって、そこに人間の斟酌は不必要なのである。むしろ人間の斟酌は神の義こそが救いとなる、という希望を覆い隠す罪となる。だからまた裁く側においても正しい裁きが求められているわけである。神こそが真に信頼すべき裁き主であり、神こそが真に義だからである。

　このように本来的に神が真実で誠実な裁き主であるという立脚点から、偽証の問題は道徳よりも信仰の問題である点が明確になる。ここには道徳が信仰になるのではなく、信仰が道徳を（あるいは倫理を）もたらすといった理解があると言える。偽りの証言は、不道徳である前に不信仰なのだ、ということ。そして偽りの証言が不信仰だからこそそれは不道徳なのである。

　その意味で十戒の構造そのものが、前半部における対神の戒めから、後半部の対人の戒めへと展開されている意味を見出すことができる。まず神との関係が偽りの無い関係でなければならないし、偽りの無い関係が神との間に造り上げられるとき、それは人に対しても同様になしうる態度になるということである。偽る者は、神に対して偽っているのだ、という根本がはっきりしなければならず、しかも「神の法廷」という厳粛な場を背景として持っているということが意識されなければならないのである。

　そして正しい証言は神の義と神の栄光を現すゆえに隣人の利益となる証言として用いられるのである。人を喜ばせる証言ではなく、神を喜ばせる証言が求められている。それは神の民としてのあり方を確立した者としての言葉の使用でもある。それは例えば、先に引用したレビ記 19 章は、まずイスラエルの民に「聖なる者となりなさい」（2 節）との勧めがなされて後に具体的な戒めが語られ、その延長線上に 11 節で「同胞どうしで互いに偽ってはならない」と述べられ、そして前述の 15 節が語られ、次いで「隣人の命に関わる偽証をしてはならない」（16 節）が語られていることからも明らかである。そして、偽りの証言は「してはならない」ものであるよりも、神の民

ゆえに「することができないもの」もしくは「しないもの」なのである。つまり聖なる者とされたゆえに、偽って証言することはもはやできない。聖なる者とされた者の口に偽りの言葉が存在することは考えられない。あえて言えばそういうことが求められ、望まれている。だから、聖なる者としてできないはずの偽証を法廷においてなすことは、繰り返し述べているように、私を聖なる者としてくださった神への裏切り行為であり、それは隣人の命を損なう偽証になると指摘されたわけである。法廷という公の場所で、神に対しても他者に対しても偽る不信仰が問題なのである。従って、神を喜ばせる証言は、隣人に利益をもたらす証言となる。それは正しい証言によって救われた側だけではなく、罪とされた側に対しても悔い改めを迫り、神の前に正しく立つ機会を与えられた判決となるゆえに利益なのである。

　しかしながら人間には罪の問題があり、偽らないようにと思っていても偽る場合がある。それゆえに、法廷における偽りの証言に関しては、それが起こることがないように証人が立てられる。正しい裁きが行われ、神の義が守られるために証人が立てられる。聖書中には複数の証人の必要性が繰り返し述べられているが、その中の一つである申命記 19 章 15 節でこのように述べられる。「人が犯した罪は一人の証人によって確定されることはない」。偽りの証言を避けるためには一人の証人では不十分だ、と言う。言い換えればそれほどまで人間は罪深く、容易に偽証を行う存在なのだ、ということである。だから偽りの証言を避けるために一人ではなく「二人または三人の証人の証言によって確定されなければならない」（同節）と述べられる。徹底して偽りの証言を退けることが神の正義と救いを示す行為となる。それゆえの規定である。だから続いてこのように述べられる。「悪意のある証人が立ち、相手に対して不利な証言をするならば、争っている二人は主の前に進み、その時、任に就いている祭司と裁き人の前に立ちなさい。裁き人は子細に調査し、その証人が偽りの証人であり、同胞に対して偽証したのであれば、その者が同胞にたくらんだことを彼に行って、あなたの中から悪を取り除きなさい」（16–19 節）。

　争っている二人は「主の前に進み」と言われるように、偽りの証言である
か否かについての判定の場は主の前である。原告であれ被告であれ、自分の
立場に有利になるような偽りの証言を、正義の主の前で求めてはならない。
偽りの証言によって自分を利することは、神の義に対する不利益を生じさせ
ている。そして前述のように、裁く側も原告もしくは被告の立場におもねる
ことなく、偽りの証言を退け、つまり「悪を取り除き」、神の正義が守られ
ることを法廷において成し遂げなければならないのである。この正しい裁き
の実際を通して、「他の者たちはこれを聞いて恐れ、あなたの中でこうした
悪事が二度と繰り返されることはないであろう」（20節）ということが日々
の信仰生活に浸透するようになる。

　もっとも、それがどれほど難しいかは私たち自身も良く知っているし、そ
こに罪の根深さがあることを思わされる。何よりも御子の裁判の場面におい
て臆面もなく偽証人が立てられているところに人間の罪深さを確認させられ
る。だからこそ私たちは、第九戒が神の法廷を背景にして、日々誠実な言葉
で生きるように求め、それが日常生活における虚言に対する戒め、また、中
傷に対する戒めとして示されていることの意義を受け止めるのである。

　誠実なる裁き主の前で私は生きている、という信仰の感覚を私たちは持っ
ているか、と第九戒は法廷という場面を想定しながら私たちに問いかける。
誠実な証言者として生きることは、何処ででも主に喜ばれる言葉を語る者と
して生きることであり、それによって隣人の利益を確保するために生きるこ
とだからである。それが最終的には御子の再臨の日、終わりの日の裁きの場
において誠実な証言者として立つことをゆるされている私たちの希望となる。

聖書の言葉を自分のものとするために

　第九戒に示されている、偽りの証言をしないことによって隣人の利益を確
保する、との理解は、正しい証言、正しい言葉は神に喜ばれる言葉、という
ことが根底にある。つまり黙想の中でも繰り返し触れたが、神に対する誠実
さの問題である。あなたの語る言葉は、神が喜ぶ言葉であるか否か、という
ことが問われている。すべての言葉が、神に向かっている言葉である、とい

うことを受け止めなければならない。

　私たちが「言葉」によって罪を犯す存在であると知るとき、虚言や中傷、暴言そして偽証が、実際には人に対する言葉であったとしても本質的には神に向けた言葉であると認めざるをえない。偽って語ることによって神の尊厳を毀損していることを深く自覚する必要がある。私たちは言葉で罪を犯すのだ、ということを、自分自身の「言葉」で、自分自身の存在をかけた「声」によって明らかにしなければならない。そして神の前で偽る者でしかない私が赦されている、ということと同時に、偽る者たちが居並ぶ裁判において裁かれ、贖いの業を成し遂げられた救い主がおられることを喜びと感謝と共に想起したい。

　このように、第九戒は「嘘をついてはいけない」といったような単純な道徳的戒めなのではなく、すべての言葉を聞かれる神がおられることと、唯一の正しい裁き主である神に対して誠実であろうと願う信仰心と、それでも申し開きをすることのできない私が救われているという感謝を伝えている。偽って証言しないことは、神の栄光を現し、隣人の利益を確保し、そのゆえに自らに恵みがもたらされる希望を伝えている。誠実な証人とは言い切れない私が、唯一誠実な証人である御子の救いにあずかっている喜びの中で、だから私は偽って証言することをしないし、できない、との祈りを強くすることができるのである。

　嘘や詭弁、改竄が横行し、憎しみの言葉が満ちあふれ、それゆえに命さえ脅かされ、奪われる世にあって、誠実な言葉で語ろうとすることには労苦が伴う。それこそ誠実であることに馬鹿馬鹿しさを覚えることさえあるかもしれない。しかし、神を愛し、そのゆえに隣人を愛する者として私たちは終わりの日に良き証言者として立つことのできる約束が与えられているからこそ、どんな時も偽って証言をしないこと、虚言や中傷に生きないことが恵みであると確信することができるのである。

参考文献

J. シュタム、M. アンドリュウ『十戒』左近淑・大野惠正訳、新教出版社、1998

年

大住雄一『神のみ前に立って——十戒の心』教文館、2015 年

大嶋重徳『自由への指針——「今」を生きるキリスト者の倫理と十戒』教文館、
　　2016 年

第十戒

隣人の家を欲してはならない（出エジプト記 20:17）

広田叔弘

はじめに

〝御言葉〟と言う。神の言葉、あるいは、福音のメッセージという意味であろう。教会では、「御言葉を聴く」「御言葉に励まされる」「御言葉に養われる」、このような表現が日常的に用いられている。私はここに違和感を覚える。違和感と言うよりも、辛さを感じる。「説教された聖書の言葉は神の御言葉」。そのとおりだ。けれども述べられる言葉は、生けるキリストをもたらしているのだろうか。人ひとりが変えられていく、恵みの不思議があるのだろうか。復活のキリストから離れて聖書の言葉だけが権威をもって注目されている。このように感じられて、辛くなるのだ。

　私たちは福音を生きる者たちだ。単に聖書の知識を得て満足するわけではない。具体的に言おう。礼拝の場で聖書の言葉が説き明かされるとき、説教者と会衆の間に不思議な出来事が起きる。互いの信仰が響き合うようにして、説教者と会衆の間に主キリストがお立ちになるのだ。ガリラヤ湖の岸辺で語り、十字架につき、葬られてから三日目に弟子たちに現れたあのお方だ。聖書の言葉は、単に理解し、納得し、心の糧で終わるものではない。私たちに

生けるキリストとの出会いをもたらし、一度の人生を神の愛によって燃え上がらせるものだ。聖書の言葉がこのようなものであれば、聖霊の働きがあってこそ、書かれた言葉は生きた神の言葉となる。最初に聖霊の働きを求めよう。そして真摯に生けるキリストを尋ねながら、この学びを進めていきたいと思う。

聖書理解

1、概観

申命記は戒めの意味を次のように述べている。

「だから今日私が命じる主の掟と戒めを守りなさい。そうすればあなたもあなたの後に続く子孫も幸せになり、あなたの神、主が生涯にわたってあなたに与える土地で長く生きることができる」（申命記 4:40）。

神の戒めは民が幸いを得るためにある。最初から最後まで以上の目的を押さえておくことが重要だ。

十戒自体は前半と後半の二つに区分される。前半は神との関係についての戒めを語り、後半は人間と人間の関係についての戒めを語る。ここで議論になるのは第五戒である。文字通りに親子関係を語るものと考えれば後半の区分に入る。しかし、親は子に対して神から遣わされる最初のメッセンジャーであり、この点で敬うことが命じられていると考えるならば前半の区分に入る。いずれにしても第十戒は、後半の末尾に位置し、十戒全体を締め括るものである。

2、欲する（ハーマド）

第十戒の主旨は隣人のものを欲してはならないことだ。述べられている「欲する」はヘブライ語で「ハーマド」。元来の意味は「奪い取る」である。口語訳聖書では「むさぼる」と訳されている言葉だ。具体的な有様をアモス書の中に見ることができる。参照しよう。

「これを聞け。貧しい者を踏みつけ 地の苦しむ者を滅ぼそうとする者たちよ。あなたがたは言う。『新月祭はいつ終わるのか。穀物を売りたいもの

だ。安息日はいつ終わるのか。麦を売りに出したいものだ。エファ升を小さくし、分銅は重くし、偽りの天秤を使ってごまかし、弱い者を金で、貧しい者を履物一足分の値で買い取ろう。また、屑麦を売ろう』」（アモス書8:4-6）。

　貧しい農民が麦を栽培している。収穫を終えると麦を売って年貢を納め、残った金で家族の生活を維持していく。この中で、貧しいゆえに種麦を残しておくことができなかった。そこで商人から金を借りた。借りた金は返さなければならない。しかし返すことができなかった。それどころか、昨年と同様にまた種麦分の金を借りることになった。やがて借金はかさみ、ついに子供を売ることになる。商人は借金の返済という理由で子供を安値にして買い取った。すべては初めから計画していたことだった。強盗のような乱暴は働かない。冷静に順を踏んで、貧しい者の家族、土地財産を奪い取っていくのだ。

　次にダビデの事例を見よう。

　「ある夕暮れ時、ダビデは寝床から起き上がり、王宮の屋上を散歩していたところ、屋上から一人の女が水を浴びているのを見た。女は大層美しかった。ダビデは人をやってその女のことを調べさせると、『あれはエリアムの娘バト・シェバで、ヘト人ウリヤの妻です』との知らせを受けた。ダビデは使いの者をやって彼女を召し出し、彼女がダビデのもとに来ると、床を共にした」（サムエル記下11:2-4）。

　これは姦淫ではない。ダビデは王だ。彼に逆らい得る者は誰もいない。ダビデは自らの意思と力によってウリヤの妻を奪ったのだ。ハーマドの力は強い。それは衝動的なものではなく、心の深みに働いて人を動かしていく。隣人の暮らしを侵略し、最も大切にしているものを奪い取るのだ。

3、締め括りの戒め

　「隣人のものを欲してはならない」。これが最後の戒めだ。「殺してはならない」「姦淫してはならない」等と比べると内面的な響きを感じる。すべての人が人を殺し、姦淫を行うわけではない。しかし、他人のものを欲したことのない人はいない。隣のバラはいつも赤く咲く。具体的な逸脱行為の温床

になるものが、隣人のものを欲する心なのではないだろうか。さらに十戒全
体を考えれば、私たちを神に背かせるのも、この心（ハーマド）にあるよう
に思うのだ。

黙　　想

1、人はなぜ奪うのか

　他人のものを欲しがる動機はさまざまであろう。アモス書に登場する商人
は金銭に心を奪われていたのだろう。ダビデであれば、欲しいものを手に入
れるのは当然なことかもしれない。奪う動機はさまざまだ。しかしそこには
共通するものがある。〝人間的な欠け〟だ。私たちは誰しも自分自身では埋
めることのできない欠けを持っている。それは心に空いた小さな穴のようだ。
穴は小さいのだが、いつの間にか膿んで、隣人さえも呑み込もうとする果て
しない欲望をもたらすものになる。

　カインとアベルの物語を参照しよう。

　「日がたって、カインは土地の実りを供え物として主のもとに持って来た。
アベルもまた、羊の初子、その中でも肥えた羊を持って来た。主はアベルと
その供え物に目を留められたが、カインとその供え物には目を留められなか
った。カインは激しく怒って顔を伏せた。主はカインに向かって言われた。
『どうして怒るのか。どうして顔を伏せるのか。もしあなたが正しいことを
しているのなら、顔を上げられるはずではないか。正しいことをしていない
のなら、罪が戸口で待ち伏せている。罪はあなたを求めるが、あなたはそれ
を治めなければならない』」（創世記 4:3-7）。

　出来事については説明するまでもないだろう。注目したいのは次の言葉だ。
「もしあなたが正しいことをしているのなら、顔を上げられるはずではない
か。正しいことをしていないのなら、罪が戸口で待ち伏せている」。神学校
時代に教室で習い覚えた。述べられている「正しさ」に倫理的な意味はない。
事の正邪を問うものではなく「あなたがそれで良いのなら」を意味するもの
だと言う。自分の行動に納得できるのなら、怒りに燃えることはない。自分
で自分を受け入れているのなら、激しく怒って顔を伏せることは起こらない。

しかし、自分自身を認めることができないのであれば、罪があなたを待ち伏せて襲いかかることになる。

　自己受容という言葉がある。あるいは、アイデンティティという言葉がある。自分で自分を認めることができるなら問題はない。しかしできなければ大きな葛藤を抱くことになる。認め得ない自分自身をかばって隣人を敵に変えるであろう。心の欠けや飢え渇きを埋めるために、果てしない求めが始まる。不安な自分を何ものかで埋めて、支えようとするのだ。これが他人のものを奪い取っても己の心を満たそうとする「欲する（ハーマド）」なのではないだろうか。

2、本来の人の姿

　創世記はカインとアベルの物語を罪の広がりの中で語っている。神の前から離れた人間の姿だ。では、本来の人間はどのようなものなのだろう。創世記は人の創造を次のように語っている。

　「神である主は、土の塵で人を形づくり、その鼻に命の息を吹き込まれた。人はこうして生きる者となった」（創世記 2:7）。

　　述べられている「土の塵」とは、値なくはかないものを示している。人は泥人形。弱く空しい存在なのだ。しかしこのような人間に神は命の息を吹き入れられた。このとき人は生きる者となった。神は人間を弱い者として造られたのだ。そして、神との交わりの中で足りないところを知り、求め、成長していく。これが人間の本来の姿であろう。命の息を与えられ、生かされている者の姿がある。しかし人間はこのような神との関係そのものから外れていく。神との交わりの中で満足すること、あるいは成長することを拒否し、自己充足を目指していく。この充足は、蛇が語る誘惑の言葉にあるように、自分が神のようになることを目指していくものだろう。しかし人が神になることはできない。神との交わりから外れた人間は自分が誰だかわからなくなる。この末に内面に強い不安と葛藤を抱え、神と隣人に敵対して生きる者となる。カインの怒りと凶行はこのことを示すものであろう。人は神から離れ、自分自身を失い、果てしない孤独の中へと出ていくのだ。

3、「カオナシ」の嘆き

　スタジオジブリの作品に『千と千尋の神隠し』がある。この中に〝カオナシ〟が登場する。彼は終始、悲しげな白い仮面を着けている。カオナシには顔がない。すなわち彼は、自分自身を失った人間を代表するものだろう。カオナシが橋の上に立っている。体は透けている。そこで、誰にも気づいてもらえない。彼は影が薄いのだ。このようなカオナシは自分から行動することができない。自分の意思を表すために言葉を語ることもできない。誰かを呑み込んではじめて、呑み込んだ者の声を借りて話すことができる。

　カオナシは油屋の宴会場で大暴れをする。ごちそうを食べて食べて、また食べる。その有様は食欲をもって不安と孤独を埋め合わせているようだ。そして彼は主人公の「千」を求める。愛が欲しいのだ。しかし得ることはできない。それは他者との関係を求める愛ではなく、自分の心を慰めようとする身勝手な欲求に過ぎないからだ。

　印象的なシーンがある。高ぶって大暴れを続けるカオナシに千が毅然として言葉を投げるのだ。「あなたはどこから来たの。お父さんはいるの。お母さんはいるの。出て来たところへ帰った方がいいよ！」。これに対してカオナシはひと言答える。「ウ〜。さみしい……」。自己を失ったカオナシである。そして彼には、愛という帰る故郷がないのだ。

　2017年に発表されたヒット曲がある。Mrs. GREEN APPLE が歌う『WanteD! WanteD!』（作詞／作曲：大森元貴）だ。「Wow, WanteD! WanteD! 僕らは逃げている　Wow, WanteD! WanteD!　自分の弱さから」と若者の心情を歌っている。「WanteD! WanteD!」。彼らは何を探しているのだろう。きっと自分自身だ。そして今の自分はゆらゆら生きて、どこへ行くのかわからない。私はここに、もう一人の〝カオナシ〟の姿を見る思いがする。

4、戒めを与える神

　「隣人の家を欲してはならない。隣人の妻、男女の奴隷、牛とろばなど、隣人のものを一切欲してはならない」（出エジプト記 20:17）。実に強い言葉だ。

単に「他人のものを欲しがるな」と言うのではない。神の前から離れ去るとき、人は自分自身を失う。不安と焦燥感は心をむしばみながら広がっていき、やがてむさぼりを始める。隣人を侵略し、自分の欠けを埋めるために人を食い物にする。行きつく先は自らの滅びである。だから、隣人のものを一切欲してはならないのだ。

しかしここで問いが残る。これだけなら、いわば教訓だ。「人が神の前から離れるならば自分を失い、不安と焦燥を埋めるためにむさぼりを始める。だから、神から離れてはならない。隣人のものを欲してはならない」、このように諭しを与える教訓になるだろう。しかし、人は神の前にとどまることができないのだ。救いを求めつつ神の前を去る。誰もが自分自身を失っている。例外はない。この現実をどうすればよいのだろう。振り返りたいのが十戒の前文だ。「私は主、あなたの神、あなたをエジプトの地、奴隷の家から導き出した者である」（同 20:2）。事の始めをたどれば、エジプトでこき使われていた民が、神に救いを求めたわけではない。神が、民の苦しみをつぶさに見、追い使う者の前で叫ぶ声を聞き、その痛みを確かに知ったのである。そしてこの神が、民をエジプトから救い出し「私は主、あなたの神」であると名乗る。神が民を捉えて救いを与えた。これからもそうだ。だから、隣人のものを一切欲してはならない。

述べられているのは戒めの言葉である。しかし、いわゆる戒律ではない。教訓でもない。神ご自身が、イスラエルをご自分の民とした。祝福を与えて豊かに必要を満たすことを約束している。以上に基づく〝救いの戒め〟なのである。

聖書の言葉を受け取るために

1、考えたいこと

現代において「戒め」はなじまない。宗教に求められるものは寛容であり共生である。戒めのメッセージは人間を縛り、人と人との間に対立を与えるものとして理解されるであろう。多くの人は聞かない。しかし、ここで妥協したくはない。重要なのは、内容を正しく理解することだ。述べたように第

十戒は単なる戒律ではない。それは神の恵みに基づいた救いの戒めだ。この点で、歴史的なコンテキストを踏まえた、論理的な理解が求められるだろう。聖書に述べられているところをロジカルに理解することが必要だ。

2、戒めはどこで満たされるのか

第十戒が救いと恵みの約束に基づくものであれば、この戒めはどこで満たされるのだろう。今日の私たちにとって、どこで第十戒は本当のことになるのだろう。

自己を見失った人間は不安と孤独の中に置かれる。焦燥感に焼かれ葛藤を繰り返すことになる。そしてキリストに出会うとき神の愛を知る。ここで自分自身を認めることができるのだ。心に空いた小さくて、恐ろしい穴は、主によってようやく埋まっていく。けれども、人がキリストを求めることは少ない。教会を訪れる。束の間の宗教的な慰めが与えられる。人間同士の親しさがもたらされるであろう。そしてそれらが終われば去っていく。キリストが出会ってくださらなければ、私たちは救われないのだ。そして主キリストは私たちに出会ってくださる。

思い出すのはザアカイの物語だ。ザアカイは誰からも認められることがなかった。背の低い彼は子供のころからいじめられていたのだろう。ヤクザな世界に入って出世をした。すると「徴税人、徴税人」と吐き捨てられるように言われる。生きていて良いのか悪いのか、これさえわからない。貯えた金銭だけが自分の存在を支えるものであったろう。木の上にいるザアカイは彼の心そのものだ。自尊心を高くして他者を見下している。しかし自分の姿は木の間に隠す。不安で淋しい心を見られたくないのだ。そして主イエスの足が止まる。このお方は木の上を見上げて呼びかけた。「ザアカイ、急いで降りて来なさい。今日は、あなたの家に泊まることにしている」（ルカ 19:5）。ザアカイが救いを求めたのではない。キリストが足を止め、ザアカイを呼んだのだ。

私たちはこの声を聴きたい。不安と恐れの中で隣人を敵に変えてしまう。過剰に自分自身をかばい、同時に足りない自分に鞭を打つ。このような私た

ちにキリストは呼びかける。「わたしはあなたのところに来た。あなたの人生に宿る」と。知らない誰かに語られているのではない。〝キリストが私に語っている〟のだ。主から与えられる救いのメッセージとして聴いていこう。

3、私たちに求められているもの

　神の言葉は肉となった。キリストは復活を遂げて今、生きて働いている。主に結ばれることによってのみ、人はハーマドの罪から免れることができる。そして主の言葉を聴く私たちが福音を伝えていく。求められているのは信じて従うことだ。主と使徒たちの教えに従っていこう。迷いながらも信仰生活を続けていこう。主が一人一人を召してくださったのだ。福音の言葉は、それを受け取る私たちを通して世に伝えられ、救いの出来事はこれからも現れる。

主の祈り

天にまします我らの父よ、
ねがわくはみ名をあがめさせたまえ。
み国を来らせたまえ。
みこころの天になるごとく
地にもなさせたまえ。
我らの日用の糧を、今日も与えたまえ。
我らに罪をおかす者を　我らがゆるすごとく、
我らの罪をもゆるしたまえ。
我らをこころみにあわせず、
悪より救い出したまえ。
国とちからと栄えとは
限りなくなんじのものなればなり。
アーメン。

主の祈り　序論

広田叔弘

はじめに

　青年時代に「夏期伝道キャラバン」と称していくつかの教会を巡り、奉仕をしたことがある。メンバーは 8 人だった。綿密な計画を立てたのだが、計画通りにはいかなかった。体も心もひどく疲れ、夜のミーティングは辛いものになった。最後に祈祷会をしたが、それぞれの祈りはどこかちぐはぐだった。そして祈祷会の終わりに一同で主の祈りを祈った。不思議に気持ちが一つになった。「うまくいかない」「気持ちが通わない」自分の心ばかりを見ていたのだろう。メンバー一人一人が主キリストを仰ぎ、御手の中に束ねられて一つになった。忘れがたい恵みの出来事だった。

　教会ではしばしば主の祈りを祈る。しばしばというのは、諸集会の際に祈るということだ。「それでは、ご一同で主の祈りを祈りましょう」。このようにして集会が閉じられる。さしたる思いもなく、便利に繰り返してしまう。ルターの『卓上語録』の一節を思い出す。「主の祈りを祈って、あとは安心して寝なさい」。安価に祈ってしまう。負い目も感じない。しかし、私たちはこの祈りによって救われている。心身がどれほど疲れていても、絶望の中で祈りの言葉を失う日があっても、私たちは祈ることができる。キリストの言葉で祈ることができる。そして主の祈りには力がある。そこには、人である私たちを生かす神の力が秘められている。

　主の祈りは、キリストが弟子たちに教えた祈りだ。祈らなければ始まらない。私たちの学びは、祈りの豊かさを受け取るためのものである。学びを糧として、共に祈る歩みへ踏み出していこう。

緒論的考察

1、二つの記事

　主の祈りは、マタイによる福音書（6:9–13）と、ルカによる福音書（11:2–4）に記されている。二つの記事には内容の違いがある。ルカには次に記す祈願がない。

　第三祈願「御心が行われますように　天におけるように地の上にも」。

　第六祈願の後半（もしくは第七祈願）「悪からお救いください」。

　マタイにある言葉がルカにはないのだ。また、それぞれの記事が置かれている文脈は全く異なっている。マタイでは、主の祈りは「山上の説教」の中で教えられている。背景はイエスとファリサイ派との激しい対立だ。マタイの時代状況を問えば、ファリサイ派によって示されているのはユダヤ教である。当時の教会はユダヤ教から激しい迫害を受けていた。この中でマタイは、ユダヤ教のファリサイ的な生き方を否定し、イエスによって示された愛と謙遜と天への希望を説く。この文脈の中で主の祈りが教えられている。

　一方のルカは、祈りを教えてほしいという弟子たちの願いに応えたものだ。弟子たちは次のように述べている。「主よ、ヨハネが弟子たちに教えたように、私たちにも祈りを教えてください」。ユダヤ教の中の信仰集団には、それぞれに独自の祈りがあったという。弟子たちが祈りを知らなかったわけではない。弟子たちは、イエスが教える祈りをもって独自の信仰集団を作りたかったのだろうと思われる。

　このように二つの記事はコンテキストも内容も異なっている。違いの理由は、主の祈りがそれぞれの地域（教会）に伝えられ、個別の伝承過程を経たためと考えられている。2世紀初期に記された『十二使徒の教訓（ディダケー）』の中に主の祈りが引用されている。今日、私たちが祈っているものと比較すると若干の違いがある。また、テルトゥリアヌス（225年没）が引用

する主の祈りには、「御名」の代わりに「聖霊」が記されているという。このようなことからも主の祈りが現在の形になったのは、およそ3世紀末ごろと考えられている（関田寛雄『十戒・主の祈り』118-119頁）。

　〝原・主の祈り〟がどのようなものであったのか、どのような伝承過程を経て今日の形になったのか、これらを確定することはできない。私たちにとって重要なのは、主の祈りが、イエス・キリストによって弟子たちに教えられ、代々の教会によって受け継がれ、今日に至るまで祈り続けられていることであろう。素朴な前提を大事にしたい。

2、ひとつの説

　主の祈りを学ぶ上で興味深い論述がある。マルク・フィロネンコが書いた『主の祈り』だ。構造について述べているところを引用しよう。

　「なぜ『主の祈り』は、すべてが『あなた』の六つの願いあるいは『わたし達』の六つの願いでできていないのか。この疑問に対する答えは、いたって単純である。『主の祈り』が、二つの個別の祈りを組み合わせたものだからである。第一の祈りは『あなた』の三つの願いからなっており、第二の祈りは『わたし達』の三つの願いからなっていた。第一の祈りはイエス自身の祈りであって、第二の祈りはイエスが弟子たちに教えた祈りである」（フィロネンコ『主の祈り』25頁）。

　前半三つの神に関する祈願は、イエス自身が祈ったものと考える。これに対して後半の三つ（あるいは四つ）の祈願は、イエスが弟子たちに教えた祈りと理解する。

　しかしマタイによる福音書でイエスは、前半の祈願においても「天におられる私たちの父よ」と呼びかけている。これに対してフィロネンコは次のように述べている。

　「『天にいるわたし達の父』という呼びかけがユダヤ教の側にこのように認められる以上、これらのユダヤ教側の資料がたとえ遅い時代のものであっても、この表現がマタイによって創出されたのではなく、マタイが属していたユダヤ教世界からマタイが持ち出してきたのだと考えざるを得ない。……イ

エスが神に呼びかけるときは、『父』あるいは『私の父』という表現が用いられており、イエスが神について弟子たちに対して語る時には、『あなた方の父』という表現が用いられている」（同書42頁）。

　記されている「わたし達の父」という呼びかけを、ユダヤ教から受け継いだ呼称をマタイが編集したものと理解し、イエス自身は神を「父」と呼び、弟子たちに対しては「あなた方の父」と表現したと主張している。

　フィロネンコは、エレミアスの研究以来、独自のものと考えられていた「アッバ」という神への呼びかけをイエス独自のものではないと言う。根拠になるのは詩編89編27節の言葉だ。「彼は私に『あなたはわが父　わが神、わが救いの岩』と呼びかけるだろう」。

　ここを根拠にして次のように述べている。

　「詩編89, 27の表現は、ヘブライ語のさまざまな祈りにおいて呼びかけとしてもちいられていたことになり、イエスが自分のアラム語の祈りにおいて、神に対して 'abbâ' と言って同じようにしたとしても、何らおかしなことはない」（同書47頁）。

　イエスが呼びかける「アッバ」は詩編に記された「わが父」の〝別バージョン〟と言うわけである。さらにフィロネンコは、イエスは詩編89編の言葉によって、自らがメシアであることの自覚を形成していったと考えている。

　「'abbâ' という呼びかけによってイエスが自分を神の子と認めているというわたし達の解釈が受け入れられるならば、このことから、彼がこのように公然と宣言しているということになる。詩編89のメシア的解釈を組み込んだ祈りによってイエスは、自分が神の子であることの確証を基礎づけたのである」（同書51頁）。

　フィロネンコの説に従えば、イエスは詩編89編によってメシアの自覚を養い、父と子の神秘の交わりの中で神に関する三つの祈願を祈ったことになる。

3、イエスの「アッバ」

　カトリックの神学者岩島忠彦は、イエスの発言する「アッバ」について次

のように述べている。

「このような『アッバ』と神に向かって呼びかけるという行為自体、その祈りの質というものを垣間見させてくれるわけです。どんな心で神に向かっているか、この人はその神に対してどういう関係にあるのか、ということがここに現れているわけです。

ユダヤ教でもそうですが、他の宗教の中にも神に対してこのような幼児語で『父よ』と呼びかける祈りはないんです。宗教史上、ほとんど見られない、またこういうことを初代教会が考えつくわけでもないと考えると、やはりこれがイエス自身が祈るときにこの言葉を使っておられたということからしか、この言葉の由来を説明することができません。ですから、イエスという方が、大きな一つの信頼、依存というか、親しみというか、そうしたものをもって神に対面しておられたということを想像させる言葉であるわけです」（岩島忠彦『イエスとその福音』158 頁）。

岩島は詩編 89 編の影響を想定していない。むしろ幼児語である「アッバ」に注目し、発言の源をイエスの人格あるいは、イエスと神との間にある固有な関係の中に見ている。さらにイエスが示す神については次のように述べている。

「イエスが言っているのは、あくまで神は自分の父であり、その神をあなたがたの父としなさいということです。だから、『私たちの父』という表現が出てくるのは、聖書で一回きりのことです。それはどこかというと、主の祈りの箇所です」（同書 163 頁）。

岩島は、マタイに記されている「私たちの父よ」を「私（イエス）の父をあなた方の父とせよ」というイエスの弟子たちに対する教え、あるいはメッセージとして理解している。

4、「アッバ」の出どころ

フィロネンコが示す、主の祈りの前半はイエスが祈った祈りであり、後半はイエスが弟子たちに教えた祈りであるという説には説得力を感じる。前半の祈りはゲツセマネの祈りに通じるものがあり、イエス自身の祈りと考える

方が自然であると思う。

　しかし「アッバ」の呼称に関しては疑問が残る。イエス時代のユダヤ教の中で、神を父と呼ぶことが、人々の中でどれほどの広がりを持っていたのだろう。確かにユダヤ教の中に神を父と呼ぶ信仰はあり、呼称は存在する。だが一般的であったわけではない。そして重要なのは「アッバ」という呼称をイエスが用いたことである。それ自体が極めて特異なことであり、詩編89編の「わが父」とは全く質を異にしている。それは岩島が論じているように、イエスが持っている神との固有な関係性の中から出たものであろう。「わが父」という呼称はユダヤ教の中で起きたが、「アッバ」はユダヤ教の枠組みを超える新しい出来事であり、呼びかけの源泉はイエスの内面以外には求め得ないものと考えられる。

特徴となる諸点

1. メシアの祈り

　主の祈りは、神を「父よ」と呼びかけるところから始まっている。既に指摘したように、イエスにとって神は「アッバ」である。示された呼びかけは、祈る者が、父なる神と子なるキリストの間にある神秘の交わりの中に入ることを意味するものだ。遠くから声を張り上げるような祈りではない。世にありつつ、神の内にあって祈る祈りと言えよう。パウロは次のように述べている。

　「あなたがたは、人を奴隷として再び恐れに陥れる霊ではなく、子としてくださる霊を受けたのです。この霊によって私たちは、『アッバ、父よ』と呼ぶのです」（ローマ 8:15）。

　私たちは主キリストによって、罪の奴隷から解放され、神の子たちへと変えられた。奴隷の心が恐れを抱くものであれば、私たちが抱くのは神への信頼だ。主イエスは、アッバという言葉をもって次のように祈っている。

　「アッバ、父よ、あなたは何でもおできになります。この盃を私から取りのけてください。しかし、私の望みではなく、御心のままに」（マルコ 14:36）。

神の内にあって祈る祈りは信頼に満ちている。そしてこれが力となり、祈る者は厳しい現実へと立ち向かう。主の祈りは、私たちに信頼と生きる勇気を与えるものだ。神秘の中で神と交わり、苦難と死を担い復活によって私たちを救ったお方が与える救いの祈りである。

2、信仰共同体の祈り

主の祈りは弟子たちに与えられた。「私の父よ」ではなく、「私たちの父よ」である。すなわち主の祈りは、教会に与えられた共同体の祈りである。アウクスブルク信仰告白は教会を規定して次のように述べている。

「教会は、聖徒の会衆（congregatio）であって、そこで、福音が純粋に教えられ聖礼典が福音に従って正しく執行せられるのである」（『信条集』22 頁）。

福音主義教会はこの告白に基づいて、教会のしるしを「福音の正しい説教」と「主の御心に適った聖礼典の執行」としてきた。そしてこの二つを生かすものが祈りであろう。個々具体的な祈りが教会の営みを生かしている。しかし、人間の熱心さや敬虔な祈りが教会を生かすわけではない。教会の伝統を問えば、主の祈りは聖餐と一つになって伝えられてきた。このことの意味は大きい。キリストの祈りが土台にあって、説教と聖礼典を生かし、教会全体を生かしているのだ。

ルカの福音書では、弟子たちが主イエスに祈りを求め、主の祈りが与えられた。主の祈りを祈ることで教会はキリストの教会となる。教会を教会として生かす祈りが、主の祈りであるといえよう。そしてこのような祈りの担い手は、主の弟子である、私たち一人一人だ。

3、終末的な祈り

主の祈りはメシアの祈りである。したがってそれ自体が終末的な祈りである。キリストによって私たちは父と子の交わりの中に招かれる。そして神を父と呼び、「み名をあがめさせたまえ、み国を来らせたまえ、みこころの天になるごとく……」と祈る。後半の祈願も同じように終末的な意味を持つ。神に日用の糧を求めることは、命の主が神であると告白することである。そ

こには愛と信頼がある。自らの罪の赦しを願うことと他者の罪を赦すことは一つである。私たちには既に、石の心ではなく、肉の心が与えられている。そして祈る心は、神が完成させる新天新地への希望に向かっている。

　主は弟子たちに祈りを教えた。救いの業を成し遂げて天に昇った。聖書の最後の言葉は次のように記されている。

　「これらのことを証しする方が言われる。『然り、私はすぐに来る。』アーメン、主イエスよ、来りませ」（黙示録 22:20）。

　福音の出来事と完成までの間を祈りつつ歩んでいく。「既に」と「未だ」の間を、私たちは祈りつつ歩んでいくのだ。

主の祈りの要点

　これまで考察してきたように、重要なのは呼びかけの言葉である。「我らの父よ」、ここに主の祈りの要があると言えよう。旧約聖書において、神をひと言で表現することはできない。しかしイエスにおいて神は「アッバ」である。私たちはキリストによって初めて「父なる神」と出会う。人間の経験の中にはない決定的な出会いだ。この出会いは神が与える絶対のものであり、変転することはない。神が、私たちの父なのだ。そして神と出会った者は孤独ではいられない。「我ら」と呼び得る隣人を見いだすからだ。

　罪を犯したときアダムにとって神は、恐れを抱き逃げ隠れする存在になった。人生のパートナーであるエバは、私を罪に誘う曲者に変わった。神と人、人と人との関係の破綻である。私たちは何に苦しんでいるのだろう。生身の体で生きている。苦労は承知の人生だ。そして、神を見いだすことができない。神が愛なのか、冷酷な運命の支配者なのか、わからない。誰かに何かをしてもらおうとは思わない。しかし、出会いと別れを繰り返す人生の中で、つかの間、心を通わせる相手は欲しい。神と隣人を見失って、それでも折り合いをつけて、何とか生きているのが人間だ。そしてキリストはこのような私たちに救いを示す。

　「父が私を愛されたように、私もあなたがたを愛した。私の愛にとどまりなさい」（ヨハネ 15:9）。

　主の祈りに、神と人、人と人との和解がある。主の祈りを祈って父と子の交わりの中に入り、隣人のもとへと押し出されていく。この祈りを祈って力とし、教会に託されている福音を伝えていこう。ひとりでも多くの隣人と共に、主の祈りを祈りたい。救いが完成するその日まで、共に祈り続けていきたい。

参考文献

関田寛雄『十戒・主の祈り』日本キリスト教団出版局、1972 年

マルク・フィロネンコ『主の祈り』加藤隆訳、新教出版社、2003 年

岩島忠彦『イエスとその福音』教友社、2005 年

W. H. ウィリモン、S. ハワーワス『主の祈り──今を生きるあなたに』平野克己訳、日本キリスト教団出版局、2003 年

『キリスト教古典双書 1　信條集　上』新教出版社、1955 年

天にまします我らの父よ

小泉 健

わたしたちの祈り

　主の祈りは、わたしたちが祈り続けている祈りである。新約聖書の諸文書が書かれたのとほぼ同じ時代、紀元100年頃に書かれたと考えられている『十二使徒の教訓（ディダケー）』は第8章で「主がその福音書でお命じになったように、次のように祈りなさい」と語って主の祈りの全文を頌栄付きで引き、それに続けて、「毎日三回、このように祈りなさい」と勧めている。教会とキリスト者は、いちばん初めから今日に至るまで、主の祈りを祈り続けてきた。一日に三回も祈ることはないかもしれないが、ことあるごとに祈り、また祈りのたびごとに祈っている。

　主の祈りは、公同の礼拝で用いられる祈りでもある。ローマ・カトリック教会のミサ典礼に代表されるリタージカルな礼拝においては、聖餐礼典において、陪餐の部分の冒頭で主の祈りを祈る。主の祈りの後半にある「わたしたち」のための祈りの中心は、パンを求める祈りと罪の赦しを求める祈りである。この二つこそ、わたしたちが生きるためにどうしても必要なものである。その二つ、命のパンと罪の赦しとは、他のどんな場所にもまさって、聖餐においてこそ与えられると信じるからであろう。

　宗教改革者のカルヴァンは、福音的な礼拝を整えるにあたって、中世のミサを改訂するのではなく、まったく新しく言葉による礼拝を生み出した。カ

ルヴァンの礼拝式文には多くの版があるが、1545 年のストラスブール版では、説教前の祈りにおいて聖霊の導きを願った後で主の祈りを祈っている。命のパンと罪の赦しを願い、その上で、むしろ神の言葉の説教に向かったのであろう。

　カルヴァンの礼拝式文のうち、もっと後の年代のジュネーブ版では、説教後の祈りの中で主の祈りを祈る。説教後の祈りで、長い執り成しの祈りが祈られるが、その終わり近くに至って、主の祈りがかなり詳しく敷衍して祈られる。執り成しの祈りはどれだけ祈っても祈り尽くすことはできない。いつでも限られたことを取り上げて祈ることができるだけである。その執り成しの祈りの終わりに当たって、世界を包む祈りである主の祈りを祈ることで締めくくりとしたものと思われる。

　このようにして主の祈りは公同の礼拝の中で、礼拝の他の要素と深く結びつきながら祈られる。礼拝は主の祈りに導かれ、主の祈りに支えられ、主の祈りを目指してささげられているのである。わたしたちは主の祈りを学ぶことで祈ることを学び、礼拝することを学ぶ。

主イエスの祈りへ

　福音書によれば、主イエスはしばしば寂しい所や山に行って祈られた。ルカによる福音書によれば、主イエスはいつでも「父よ」と呼びかけて祈られた。十字架の上でも「父よ」と呼ぶことをおやめにならなかった。「父よ、彼らをお赦しください」（ルカ 23:34）と祈ってくださり、「父よ、私の霊を御手に委ねます」（同 46 節）と言って息を引き取られた。

　主イエスがまさに祈っておられたとき、祈りが終わるのを待ちかねるようにして、弟子の一人が「主よ、……わたしたちにも祈ることを教えてください」（ルカ 11:1、口語訳）と願った。聖書協会共同訳をはじめ、最近の多くの訳は「祈りを」としている。なるほど、実際にその後教えられたのは祈りの言葉であったし、ヨハネの弟子たちにはヨハネの弟子たちらしい祈りがあるのだから、自分たちにも主イエスの弟子にふさわしい「祈りを」教えてください、と願ったと理解することもできそうである。しかし原文は動詞の分詞

形だから、口語訳のほうが直訳である。弟子たちは主イエスが祈っておられるお姿を見、祈りの言葉を聞いて、「わたしはそもそも祈るとはどういうことなのかを知らなかったのではないだろうか。今まで一度でも、本当に祈ったことがあったのだろうか」と思ったのではないだろうか。だから、「主よ、祈ることを教えてください」と願わずにはいられなかったのではないだろうか。

　弟子の願いに対して、主イエスは祈ることを教えるために、ご自身の祈りをお示しになった。「父よ」と呼びかけることも、御名を表すことも、神の国の到来を告げることも、パンを与え、罪を赦すことも、主イエスご自身がしておられることだった。ルカ福音書の主の祈りには含まれていないが、「御心が行われますように」（マタイ 6:10）との祈りを、まさに主イエスご自身が祈られた（「御心のままに行ってください」ルカ 22:42）。主イエスはご自身の祈りを示し、ご自身の祈りの中にわたしたちを引き入れ、「一緒に祈ろう」と招いてくださる。ご自身の祈りに包み込むことで、祈ることを教えてくださっている。

　このことがもっともよく当てはまるのが、「父よ」という呼びかけである。弟子たちが主イエスの祈りに衝撃を受けたのも、何よりもこの呼びかけを聞いてのことではなかっただろうか。主イエスはこの呼びかけをそのまま示して、「あなたがたも祈るときには、こう言いなさい」（直訳）と命じてくださった。

「父よ」

　旧約聖書においても、神を「父」とすることがまったくないわけではない（詩編 89:27; イザヤ書 63:16; エレミヤ書 31:9 など）。しかし、神はどなたであるかを語るときの中心的な概念であるとは言い難い。それに対して、主イエスが神について教えてくださったことは、他のどんなことにもまして、この方が「願う前から、あなたがたに必要なものをご存じ」でいてくださる「あなたがたの父」だということであった（マタイ 6:8）。

　「父」のイメージ、「父」というメタファーを用いるのは難しい。なぜな

ら、だれもが地上で父を持っており、「父」と聞けば、どうしても自分の地上の父を思い起こしてしまうからである。そしてそのことは、わたしたちが神を理解することを助けないからである。神こそが「天上にあり地上にあって『父（パトリア、民族、血筋）』と呼ばれているあらゆるものの源なる父」（エペソ 3:15、口語訳）なのであって、その逆ではない。わたしたちが地上の父によって抱いている「父」理解の延長線上に「父のような神」がおられるのではない。むしろ父であることの根源に神がおられ、地上の父はまことの父をおぼろげに映し出しているにすぎない。だから、わたしたちが人間的な仕方で知っている父の姿を神に当てはめてはならないのである。

　このことはしかし、慰め深いことではないだろうか。地上の父を知らない者もいる。父との間に葛藤を抱えている者があり、父に虐待された者もいる。自分の父のことを思い出したくないし、思い出したならば、否定的な感情ばかりがわき起こってしまう者もいる。地上の父の姿の延長線上で神のお姿を考えなければならないのだとしたら、神を愛することができなくなってしまう。しかし、決してそうではない。

　「父」のイメージを考えるにあたっては、それゆえ、わたしたちが経験している地上の父を持ち出すことは適当ではない。聖書のイメージに頼るしかない。それは何よりも、ルカによる福音書 15 章 11 節以下に見られる。「放蕩息子」のたとえと呼ばれるが、むしろ「二人の息子を持つ父」のたとえであり、「父の喜び」の物語である。この父はいつも息子たちのことを心にかけている。息子が父を裏切り、父を捨て、もう息子と呼ばれる資格をなくしてしまったとしても、父は息子を見つけ、憐れみに心を燃やし、走り寄って首を抱き、息子として迎え入れる。失われていたのに見つけ出したことを喜ぶ。それだけではない。父は息子といつも共にいる。そして、「私のものは全部お前のものだ」と言う。父のもの。父の国、父の豊かさ、そして父の命までも、すべて子のものである。父の子であるとは、父の国の相続人であるということであり、父のすべてを与えられてしまうということなのである。わたしたちは、身を持ち崩して父の恵みを無駄遣いしてしまった息子として、また、自分を義として他者を裁き、父の恵み深さにつまずいてしまう息子と

して、赦しの喜びにあふれた父を見上げ、「父よ」と呼ぶ。

「私たちの」

ルカが伝える主の祈りの呼びかけは、まったく端的に「父よ」と呼ぶものだが、マタイが伝えるところでは、すぐさま「私たちの」と続く。「パテル・ヘーモーン」と言われている。これをそのままラテン語に置き換えた「Pater noster」は、主の祈りの名称としても使われる。ドイツ語の場合はもっと顕著で、ドイツ語の語順では所有代名詞を名詞の後に置くことはできないはずなのに、ギリシア語（ラテン語）の語順のままに「Vater unser」と訳され、これがやはり主の祈りを意味する名称にもなっている。日本語の「主の祈り」はおそらく英語の The Lord's Prayer に由来するのであろう。しかし多くの言語では、この祈りは「私たちの父よ」と呼ばれているのである。

「私たち」と言うとき、わたしたちが自然と思い浮かべているのは、共に祈る信仰の仲間たちのことである。なるほど、わたしたちはお互いに、同じように神の子とされている兄弟たち、姉妹たちなのだから、一人の父の子どもたちとして、一緒になって「私たちの父よ」と呼ぶのはふさわしいことであるに違いない。祈りにおいて、時には「私の神よ」、「私の救い主よ」と呼ぶことがあるかもしれない。けれども、「父よ」と呼ぶときには、「私の父よ」と呼ぶのではなく、「私たちの父よ」と呼ぶ。わたしたちは神をまことの父とさせていただいたのと同時に、姉妹たち兄弟たちを与えられてもいるのだからである。

けれども、この祈りが主イエスご自身の祈りであり、わたしたちは主イエスの祈りに引き入れられて、初めて「祈ること」を知らされ、祈ることができるのであるからには、「私たち」とは、第一には、「主イエスと主イエスのものたち」である。主イエスがわたしたちのところにまで到来してくださり、信仰者であるわたしたちが祈りだすのに先立って、主イエスがすでに祈り始めていてくださる。主イエスご自身が祈っておられる声に声を合わせていただいて、わたしたちも「私たちの」と祈るのである。

「私たち」はさらに大きく広がっていく。なぜなら、主イエスはもっと多

くの人々をこの「私たち」の中に招き入れようとしていてくださるからである。

　第二次世界大戦による中断をはさんで戦前と戦後、二度にわたって来日し、日本伝道のために尽力したカトリック司祭にソーヴール・カンドウがいる。フランス領バスクの生まれだが、日本を第二の祖国として愛し、その日本語力は「日本人以上」とも言われた。このカンドウについて、おおよそ次のような逸話が伝えられている。（不正確な再話であることをお許しいただきたい。）

　　カンドウは信仰深い家庭で育てられて、カンドウ自身も幼いころから信仰熱心だった。また、カンドウはとくに信仰深い祖母になついていた。あるとき、学友のジャンやピエールにいじめられたカンドウ少年は泣きながら祖母のもとに行き、学友たちの非道なふるまいを訴えた。じっと聞いていた祖母は、やおらカンドウ少年に問いかけた。「お前は主の祈りを知っているかね」。いじめっ子の話をしているのに、祖母がまったく関係のないことを言い出したので、カンドウ少年は驚いたけれど、信仰熱心な彼はすぐに得意になって答えた。「もちろん知っているよ」。そしてすぐさま暗唱し始めた。「天にまします我らの父よ……」。カンドウ少年が暗唱するのを聞いた祖母が言った。「でもお前は、『我ら』がだれであるのか知っているかね。これからお前は主の祈りを祈るたびにこう言いなさい。『天にましますジャンとピエールとぼくの父よ……ジャンとピエールとぼくの罪をも赦したまえ……』」。

　祖母の教えを通して、主の祈りはまるで違った響きを持つようになり、生々しさを持つようになったと思われる。では、わたしたちはどうだろうか。わたしたちが祈りの中で「私たち」と口にするとき、その「私たち」はどれほどの広がりを持っているだろうか。わたしたちが自分の思い、自分の力で「私たち」と呼ぶことができるのは、まことにわずかな人たちにすぎない。しかし、主イエスはあの人のもとにも到来してくださり、あの人の苦しみも引き受けてくださり、あの人のために血を流してくださった。主イエス

の「私」が中心にある祈りだから、主の祈りの「私たち」はどこまでも広がっていかずにはいない。わたしたちはもっと多くの、もっと多様な人たちと共に、声をそろえて「私たちの父よ」と呼ぶ。

「天にまします」

「天におられる」とはどういうことなのだろうか。「天」という言葉で、神としての威厳、「すべてを超越した神の絶対性」（ロッホマン）が語られているのであろう。しかし、「天におられる」ということは、わたしたちから遠い方であることを意味しているわけではない。

「天におられるあなたがたの父」という言い方を繰り返し伝えているのはマタイによる福音書だが、そのマタイによれば、父は、「隠れたことを見ておられる」方であり（マタイ6:6）、鳥を養い、花を装い、わたしたちの必要を知っていてくださるお方である（同6:25以下参照）。ここでの「天」は「地」からの遠さや、天と地の違いを意味しているのではなく、この父が地上の父とは隔絶しており、愛することにおいて完全な神であられることを示しているように思われる（同5:43–48参照）。

完全な愛で愛していてくださる父は、地上の父よりも、他のだれよりも近くにいてくださる。竹森満佐一はこう解き明かしている。

「天におられるということは、地にはおられないということではなくて、まことの父でいらっしゃるのですから、まことに地上におられる父ということになりましょう。それならば、この地上におられるだけでなく、だれよりも近く、わたしたちに近づいておられる方です。父なる神は、わたしたち自身よりも、わたしたちに近くおられるお方である、といった人があります。そうでなければ、わたしたちの真の父とはいえないでありましょう」（『主の祈り』32–33頁）。

「天にまします」という言葉によって、わたしたちの思いが引き上げられる。それは、遠くに手を伸ばすこととは違う。神の恵みの底知れぬ深みにま

で身を沈めさせられることである。

説教に聞く

　主の祈りについてはすぐれた説教が多くなされており、この部分について
もていねいに解き明かされている。たとえば、ティーリケはこの部分だけで
二度の説教をしている。一回目の聖書テキストはマタイによる福音書 6 章
5、6 節。二回目はその続きの 7 節から 9 節であった。主の祈りが教えられる
直前の 5 節から 8 節は祈りについての教えであり、しかも「あなたがたの
父」の姿がくっきりと現されているから、この部分を解き明かすことを通し
て、「父よ」という呼びかけへと招いているのである。

　竹森満佐一や大木英夫はこの部分の解き明かしの中でローマの信徒への手
紙 8 章 14 節から 17 節を引いている。聖霊とは「子としてくださる霊」で
あり、この霊によってわたしたちは「アッバ、父よ」と呼ぶのだと語る箇所
である。この箇所は、主の祈りが、主イエスだけの祈りではなく、わたした
ちの祈りでもあることを鮮明に教える。キリスト者であっても、「イエス・
キリストの父なる神よ」とか、「天の神よ」と呼びかけて祈る人は少なくな
い。聖霊をとらえがたく、理解しがたいと感じている人もまた少なくない。
この聖書箇所は、聖霊に対して、また祈りに対して、わたしたちを正しい場
所に立たせてくれる。

　「もし『天にいますわれらの父よ』と最初の言葉を発したら、それはすべ
てを言っているのではないでしょうか。それは、わたしたちを別人にするの
であります」と大木英夫は語った。主の祈りの説教に助けられて、主の祈り
はますます自分自身の祈りになり、主の祈りを祈る声はもっと大きくなって
いくに違いない。

参考文献

ヴァルター・リュティ『主の祈り——講解説教』野崎卓道訳、新教出版社、
　2013 年
ヘルムート・ティーリケ『主の祈り——世界をつつむ祈り』大崎節郎訳、新教

　出版社、1962 年

竹森満佐一『主の祈り』（東神大パンフレットⅩ）東京神学大学出版委員会、
　1975 年

ヤン・ミリチ・ロッホマン『われらの父よ──主の祈り講解』南吉衛・南含訳、
　キリスト新聞社、2001 年

大木英夫『主の祈り──キリスト入門』聖学院大学出版会、1996 年

ねがわくはみ名をあがめさせたまえ

高橋　誠

　短い一句から、「御名<ruby>御名<rt>みな</rt></ruby>」と「聖とされますように」の二つを聞き取りたい。主の祈りのはじめの「父よ」（マタイ 6:9）の呼びかけが「御名」につながる。父は、その前の部分で一連の父の子として敵を愛するという教えが語られ、その「天の父の完全」に倣うことが語られている（同 5:43–48）。この後に祈りが教えられていることをどう理解するか。父の御名は愛における完全を意味し、しかもそれは単に人が父の完全な愛をほめることにはとどまらず、それを生きることへと招いている。教えられる祈りの「聖とされますように」も、その愛を生きることへ招くのである。黙想の手がかりとして、アウグスティヌスの言葉「私たちは、私たちがあがめる方に倣って生きる」（ウィリモン＆ハワーワス『主の祈り』86 頁）を思い起こすことができる。

　本黙想のタイトルにもある 1880 年訳の「あがめさせたまえ」は、原文ではハギアスセートーである。聖書協会共同訳は「聖とされますように」と訳している。「あがめさせたまえ」は、賛美にもつながるので、主イエスが口で祈るべき言葉をお授けくださったこととの関連を考えることができる。この二つ、すなわち《聖とする》ということと《あがめる》ということが、どういう関連にあるのかを解いておくことが必要だろう。キッテル神学辞典によれば、この語は、聖書以外の関連を持たない。

　したがって旧約の「聖」の関連を参照することになるが、ブルッゲマンは

こう言う。「『聖』という概念はイスラエル宗教において最も深く、最も謎に満ち、最もすばらしく、最も厳しいものを意味する。……イスラエルの信仰を言い表す語彙の中の他のほとんどすべての神学的用例と異なって、この語は日常生活から派生したものではなく、神学的用法を前提としたものであった。その結果、『聖』はその神学的用法以外には参照点がなく、一層意味の特定が難しい」（『旧約聖書神学用語辞典』287頁）。つまり、イザヤ書第6章3節の神の顕現に見るように、「聖」は神の属性そのものを担う極めて神学的な言葉である。そこでは、聖が人の唇に触れる（イザヤ書6:7）。主イエスも祈りのはじめにそれを口にするようにお教えになった。聖の説明ではなく、それを口にのぼらせ得ること自体が意味あることなのである。

　この動詞が受動態であることについてであるが、ウルリヒ・ルツによれば以下のとおりである。これを神的受動態と解釈すれば、神が御自身でそうなさることを祈るということになる。しかしながら、時制の命令法不定過去を、ただ一回的な終末における神の名のための御自身の干渉と意味づけるのはこじつけであると言う。アラム語の関連を踏まえれば、歴史における今ここでの彼の名の聖別が祈られているのであり、終末において初めてなされるそれではないと言う。神的受動態と解釈し得ないとすれば、人間も御名の聖別の主語であり得ると言う。訓戒的解釈である。つまり、二通りの理解、すなわち神御自身が御名を聖とするという理解と人間がそこに関わるという理解が可能である。1880年訳の「あがめさせたまえ」は、おそらく後者の理解に立つものだろう。どちらの選択も説教者に許される。この黙想では、人が唱えるように主に教えられているということを踏まえ、あがめることで御名の栄光に仕えるという観点で進めることにする。主イエスが「こう祈りなさい」（マタイ6:9）とこの祈りを教えはじめ、「父よ」と口で呼び、御名を聖とする祈りを教えておられることに注目したい。つまり、御名を口で唱えることをお教えになったのである。そうすることが私たちにもたらすものに集中したい。

1、あがめられますように

礼拝における声の重要性を、コロナ禍で礼拝の賛美を制限しなくてはならない事情に直面しつつ考えさせられる。信徒たちの満たされない思いを多く聞くのである。そのような思いに接しつつ、声を出し賛美することが何か本質的な営みであることを再認識する。本質的というのは、発声によるストレスの発散などの心理的作用とは異なるということである。賛美は自分の外なる方、すなわち父なる神に向かうという特質を持つ。そうすると、賛美は祈りとも重なる。主イエスは、「こう祈りなさい」（マタイ 6:9）とお教えになった。それは、弟子の口に御名をあがめる賛美をお授けになりつつ、そこで祈りを教えられたということである。歌と祈りをつなげてお教えになったのである。

祈りは賛美でもあり嘆きでもある。詩編はテヒリーム（賛美）ともテヒロース（嘆き・祈り）とも呼ばれた。祈りは、地上を生きつつその嘆きの中で神を見上げ信じるものであり、それゆえ戦いという局面を持つ。終末の勝利において私たちの祈りは嘆きを脱ぎ去り歌へと育つのである。それまで私たちの祈りは戦いの中にあり、それゆえ危機を孕んでいるのである。この終末の完成の歌の響きが、直面する現実的な事柄の中で消えてしまい、悲嘆の歌に成り果ててしまうかもしれないという危機である。だからこそ主イエスは、この終末の完成の歌の響きを絶やさずに祈る歌としての祈りを弟子たちの口に授けられたのである。

この祈りにおける危機を自分でつくる別の歌で乗り越えようとすることによって危機はさらに深刻になる。その事情は、偽善者たちの祈りによく見て取れる（マタイ 6:1-6）。偽善者たちは満たされぬ思いを、自分の前でラッパを吹き鳴らすこと、つまり自分の賛歌で満たそうとする。神への祈りであるはずのものを、自分をほめる賛歌に取り換えてしまい、しかもそのことに気づかず、祈りが抜け去り干からびたものをなお祈りだと思い込むのである。

このラッパを象徴的なものと考えることができるだろう。自分の大きさ、強さ、高さなどをさまざまに歌い上げることで、自分の存在を確かなものとしようとする。それを自分で歌い、人にも歌わせようとする。ラッパと表現

されているのは、歌の大きさ、つまり人よりも大きく高らかにそれが響いているかが問題とされるからである。この世界に満ちている歌であり、時には他人の賛歌をかき消すために競って大きく響かされる騒々しい自分の賛歌である。しかし、その歌は父なる神の子という、私たちの本質に触れることがないので満たされることはない。歌から父への祈りが抜け去ってしまっているからである。

　世界の営み一般をそのように捉えることができるかもしれないが、さらに踏み込めば、偽善者たちが問われたのは、それが祈りであるということであり、それゆえにキリスト者の祈りにも生じる危険である。世界に満ちる自分の賛歌を響かせようとする態度を、祈りそのものに引きずってくるのである。キリスト者が礼拝しつつ、祈りつつ、賛美しつつ、そしてまた牧師であるならば説教を語りつつ、結局そこから父をたたえる歌が抜け去ってしまい、祈りの喜びを虚ろにすることが生じうるということを、主は問われる。そこで教えられているのが、御名をあがめる祈りである。

　私たちの本質は、父なる神に造られた神の子であるということである。神の息を吹き込まれることで人が歌い始めた本当の歌こそ、人を満たす。自分をお造りくださった神の賛歌であり、それこそ神に造られた者が本来歌うべき真の歌である。

　主イエスは、この本当の歌を口ずさむことを私たちの嘆きの祈りに寄りそうものとしてお教えになった。1世紀の終わりに書かれたとも言われる『十二使徒の教訓（ディダケー）』では、主の祈りについて「日に三度、このように祈りなさい」と言われている。主イエスが「このように祈りなさい」と言われたことを、後の教会が日常生活で具体的に受けとめたのである。この規定は、その後の時代には、第三時（午前9時）、第六時（正午）、第九時（午後3時）に祈るという形で奨められる（ユングマン『古代キリスト教典礼史』113頁）。主の祈りを、礼拝のたびごとに、あるいは事あるごとに祈る私たちの時代の教会の生活も、これに重なるものと見ることができるだろう。そのようにしながら、一つしかない口で何を語るのかという戦いを戦うのである。ヤコブが「同じ口から、賛美と呪いが出て来るのです。私のきょうだい

たち、このようなことがあってはなりません」（ヤコブ 3:10）と言いつつ招かれている口の戦いである。

2、聖とすべき御名

　この戦いとは、愛と赦しの戦いである。神の御名をあがめながら、あがめる方に倣う私たちとなるのであるという先述のアウグスティヌスの言葉が具体的に意味するのも、愛と赦しの勝利者としての神に倣うということである。神の御名にそれがあらわれている。神が御名を持ち給うのは、人格があり、生きておられ、行動なさる方であるということである（ウィリモン＆ハワーワス『主の祈り』80 頁）。主イエスはこの前の部分で、その神の人格、生きておられること、そして行動についてお語りになり、その上で祈るべき祈りがここに示されている。この関連は重要である。祈りが説かれる前の部分では、敵を愛することが語られているのである（マタイ 5:43–48）。それは「あなたがたの父の子となるためである」と語られる。父の子としてこの世に生きる姿は、45 節で語られるとおり、相手の如何にかかわらず、恵みを施す父に倣う姿である。そしてそのことは、私たちの不完全さを全く問題にしないような完全な者となれという結論となっている。主がそこで祈りを教えておられるという順序には、弟子に完全であることをお求めになった主の具体的な導きをこの祈りが担っているということが読み取れるのである。

　主イエスは、祈りに際して祈るべき方の姿を、はっきりと愛と赦しに焦点を合わせて示しておられる。たとえば、旧約に表れる神の属性を、義の神、それゆえの裁きの神と捉えることも、もちろん妥当なものである。しかし、主イエスがここで自分に対する相手の行為が悪意や敵意によるものであることを知りつつ、その敵を赦して愛すということに焦点を合わせておられるのは、赦しにおいて神の御姿を明示しておられるからである。この父の愛が祈りを歌とする。愛を知った歌の中でこそ、義も裁きも力を得る。赦しとしての父の愛を指し示しつつお教えになった御名を聖とする第一の祈りは、それゆえに神に赦しを祈り、他者を赦すという第五の祈りとひと続きである。聖なる神の御名は、赦しという御名である。その御名を口に上らせることによ

って、祈る者もまたその赦しに生きることへと導いておられるのである。聖化は赦しにおいて最も深く動く。

　御名を聖とする、というのは、他ならぬ父なる神の御名を覚えあがめることである。御名にあらわれる神の愛、赦しの固有性とは、人が悔いる前から赦しておられることである。ここに神の完全がある。人間の赦しを考えればこのユニークさは一層はっきりする。人間は悔いるまでどこか相手を責め、悔いたことを確認しないうちは赦さない。悔いる前に赦せば、何でも許される無法状態になることを恐れるのである。

　しかし、神は人間が悔いる以前に人を御自身の赦しの中に置かれる。赦しの中で深く真実な悔いが生じることをご存じなのである。受け入れ、愛の通路を通して正しさを教えられる。御名を聖とする祈りが第一の祈りであるということは、祈り始める前からこの赦しの中に置かれていることを知るための招きである。今、すでに赦され、罪深く惨めな自分が愛のうちに受け入れられて、私たちを新しくしようとしておられる神の前にある。この人間が知らない赦しの神の御名のゆえに、御名が聖となることを祈る祈りは、いつも喜びの賛美にならざるを得ない。アウグスティヌスの言うあがめる方に倣うというのは、喜びの業、感謝の業である。愛を赦しという局面において知らされた喜びと感謝である。

3、御名を聖とする私たちが聖とされる

　アウグスティヌスが言う《あがめる方に倣う》ということは、いったいどのようにして起こるのであろうか。この言葉は、主イエスが「こう祈りなさい」と、弟子たちにこの言葉をまるで口移しするように言わせつつ導いておられることと、重なっているのではないだろうか。つまり、倣うことは聖なる御名を口にしてあがめるということ自体において生じると主イエスは考えておられるのではないか、ということである。

　テルトゥリアヌスが主の祈りについて語る次の言葉もこのことと重なる。少し長くなるが引用する。

　　「我等の主イエス・キリストが、神の霊、神の言葉、神の哲理と証明
　されたのである。〔この方は〕力を発揮されるが故に霊であり、教えら
　れるが故に言葉であり、来られたが故に哲理なのである。従って、この
　ようにキリストによって形成された祈りは、三つのものによって形成
　されているのである。明言されるが故に言葉によって、それだけの力
　を持っているが故に霊によって、鼓舞されるが故に哲理によるのであ
　る。〔洗礼者〕ヨハネもまた自分の弟子たちに祈ることを教えた。しか
　し、ヨハネが行ったことはすべてキリストのために準備するものであり、
　『あの方は栄え、自分は衰えねばならない』（ヨハネ 3:30）とヨハネ自身
　が予告したように、〔主キリスト〕が栄えるまでのことであった。先駆
　者のすべての業は、その精神〔霊〕そのものと共に、主へと移行したの
　である。従って、ヨハネがそのように祈るようにと教えた言葉はもはや
　存在しない。地上のものは天上のものに席を譲ったからである。『地か
　ら出る者は地上のことを語る。天から来られる方は、御自分が見たこと
　を語る』（ヨハネ 3:31）と言われている。天上のものではないことは主
　キリストのものではない。当然、この祈りの規定は〔天上のもの〕なの
　である」（小高毅編『原典　古代キリスト教思想史 1』232 頁）。

　ここでテルトゥリアヌスが言うのは、主の祈りによる祈りの質の変化であ
るが、それがキリストの受肉と重ねられている。天からやって来られたキリ
ストが、天の神の霊の力を携えて来られ、そこで明言できる言葉によって教
えられた。この言葉によって、天は地とつながる。しかもその言葉というの
は、概念的なロゴスというよりも、実際に主イエスが祈りの言葉を弟子たち
の口に語らせ給うことによってこの地に授けられるものである。その点、ヨ
ハネが弟子たちに祈りを教えたのとは決定的に、質的に異なっているという
のである。祈りの別の時代が到来した。祈りが祈願であるだけの時代は過ぎ
去り、祈りは天上の歌と決定的に結びついた。与えられた御名を聖とする
祈りは、天の力をもって御国と御心を地上に切り拓くのである。繰り返すが、
それが願望ではなく、御名を聖とすることにおいてすでに現実となっている

のである。

　つい先日のことであるが、私が仕える教会で主の祈りの第五の祈りについて語った時、信徒の対話の場で意義深いレスポンスがあった。他者の赦しのみを考え続けると心が持たないと言いつつ、しかし自分は愛に生き始めたいと言うのである。もちろん、赦しを不問に付す訳ではない。不完全な赦しを抱えながら、それでも愛に生きようとするところに、実際、父の子のいのちの営みがあるのではないか。そのことは、すでに主の祈りを祈ることにおいて始まっているのではないか。御国と御心を拓く戦いの最前線が御名をあがめることにあると改めて思わされる。「第二ヴァティカン公会議は、キリスト者の礼拝について、『神に栄光が帰せられ、人が聖化される』ことと記しました。礼拝において神に栄光を帰するとき、私たちは聖化され、日常の生活にあっても聖なる者とされるのです」（ウィリモン＆ハワーワス『主の祈り』86頁）。このことは、日曜日の礼拝で聖なる名を唱えた自分をどこか気取った偽物のように思い、本当の姿はそれとは別の週日にあると考える弱さから私たちを連れ出す。その名を聖という方のものとされている自分こそ、本当の自分である。聖化は言葉から、しかも口から始まる。愛や赦しという生の実りを自分の思う通りに確認できなくとも、祈りを聞き給う聖なる方がなおその力をもって私たちの祈りを待ち聞いていてくださる。

　私たちが口にできる祈りの言葉を主が与えてくださった。口で語ることが私たちを造るからである。混乱した暗い心に負けない言葉の戦いのために、主は私たちの口に祈りの言葉を授けてくださったのである。

参考文献

W. H. ウィリモン、S. ハワーワス『主の祈り』平野克己訳、日本キリスト教団出版局、2003年

ウルリヒ・ルツ『マタイによる福音書（1–7章）』（EKK新約聖書註解 I/1）小河陽訳、教文館、1990年

加藤常昭『使徒信条・十戒・主の祈り（下）』（加藤常昭信仰講話7）教文館、2000年

小高　毅編『原典　古代キリスト教思想史1』教文館、1999年

J. A. ユングマン『古代キリスト教典礼史』石井祥裕訳、平凡社、1997年

W. ブルッゲマン『旧約聖書神学用語辞典　響き合う信仰』小友聡・左近豊監訳、
　　日本キリスト教団出版局、2015年

み国を来らせたまえ

荒瀬牧彦

　第二の祈願、「エルセトー・ヘー・バシレイア・スー」は、そのまま訳せば「あなたの国が来ますように」である。実に短い祈りである。しかし、どれほどの深さと広さと高さ、そして重さが込められていることだろう。これは主の祈りの核心である、と言ってもよいのではないか。なぜなら、主の教えられた祈りのすべては、結局、神の国（神の支配）が成るところで起こることだからである。

　地にある者が天におられる方を、心からの親しみと信頼をもって「父よ」と呼ぶ時、天地の隔たりを越えて神は近くいてくださる。つまり、祈る者のもとに御国が現れる。神の名を忘れ、濫用し、汚してしまうこの世にあって、真に「御名が聖とされる」ならば、そこには御国が始まっている。天におけるように「御心が行われる」地、それは神の支配という恵みに包まれたところとなる。「日ごとの糧」が「今日」神から与えられ、命養われる恵みに感謝と賛美が溢れる時、人はそこで御国を経験する。「自分に負い目のある人を赦す」ことも、「私たちの負い目が赦される」ことも、この世の支配の下に生きている限りは不可能である。同様に、「誘惑」と「悪い者」に対して、人が自分の力で打ち勝つことはできない。悪しき力は強力で狡猾で執拗であって、我々はそれに対して本当に無力である。神の支配があって初めて守られるのである。このように、神との親しい関係、正義と平和、人と人との和

解、命を支える食物、人を翻弄する悪からの防護——これらを求める祈りすべては、完全な愛であり完全な義である神の御支配によって集約されるのである。

　神の国を求めるこの祈りは、ただ主の祈りの核心というだけでなく、イエス・キリストの「神の国の福音」の核心を求めるものである。イエスのガリラヤにおける神の福音の宣教は、「時は満ち、神の国は近づいた。悔い改めて、福音を信じなさい」（マルコ 1:15）という呼びかけから始まったのである。したがって、この短い祈りを説き明かすためには、福音書が告げるイエスの言葉と行動の全体から考えることが必要になるし、その背景にある旧約の預言との関係も考えなければならない。

　また、新約の福音書以外の文書における神の国理解も踏まえなければならない。ある意味、「福音」に関わる説教をする時はいつも「神の国」について語るわけであるから、只一度の説教でこの祈りの持つ意味の全体を網羅的に語ることなどできるはずがない。聖霊の導きを受けつつ、自分が置かれている時と場と状況に対してレリバンスを持つ、神の国に関わるいくつかの聖書箇所を選択し、それらと関連付けながら、祈りの意図をできる限り立体的に示していくことが説教者の務めであろう。

目の前にあるこの世のバシレイア

　国（バシレイア）とはなんだろうか。『ギリシア語新約聖書釈義事典』によると、この語は新約に 162 回ほど出てきており、大半は「神の国（天の国）」という形で用いられている。国と言っても国境線に区切られた固定的な神の領土のことではなく、神の支配が行われている状態を指す。それ以外に、数は少ないが「神の」ではないバシレイアも登場する。世俗ギリシア語におけるバシレイアは「王の支配」、「君主制」、「王位」、「王権」あるいは「王国」を指すが、それと同義と考えてよい。それは何か抽象的で難しい概念といったものではなく、人々が日常的に目の前に見て、日々その力で服従させられているものである。イエスを試みた悪魔は「世のすべての国々（バシレイアス）とその栄華を見せて」（マタイ 4:8）惑わそうとした。

　ヨハネの黙示録には「第五の天使が、その鉢の中身を獣の王座に注ぐと、獣の国（バシレイア）は闇に覆われた」（黙示録 16:10）や、「あなたが見た女とは、地上の王たちを支配（バシレオーン）しているあの大きな都のことである」（同 17:18）といった用例がある。17 章に登場する「女」はバビロンという名の「大淫婦」であるが、それがローマという都を指しているのは自明である。ローマこそが地上の諸王に対するバシレイアを保持しているというのが目の前の現実なのである。しかしヨハネは、天から降って来た天使が「倒れた。大バビロンが倒れた」（同 18:2）と叫ぶのを聞く。もちろんそれはバビロニア帝国が紀元前 539 年に倒れたという過去の話ではない。ローマの強大な力が厳然としてあり、自分は島流しにされている状態において、これから起こることを書いているのだ。まだ起こっていないのだが、既に起こったこととして書く。今の時点から見れば「倒れるであろう」となるはずであるが、終末という地点から見ているので、既に起きたこととして「倒れた」と語るのである。「終わりの日」から見てはっきりしているのは、世のバシレイアはそれがいかに強かろうと崩壊し、神のバシレイアが完成する、ということである。

イエスにおけるバシレイアをめぐる戦い

　福音宣教を開始する前に荒れ野での試練があったことは、その先の宣教が、悪しき力のバシレイアを打ち砕き神のバシレイアを地上にもたらすための激しい戦いであったことを暗示している。洗礼者ヨハネの弟子たちとの接触があった時にイエスが語った「洗礼者ヨハネの時から今に至るまで、天の国は激しく攻められており、激しく攻める者がこれを奪い取っている」（マタイ 11:12）は、神の国の到来に対して猛烈な拒絶を示す悪しきものの抵抗を、イエス自身が強く感じていたことを証ししている。しかし、イエスはそれに怯むことなく、戦い続けた。神の国というのは高い天の上にだけあるものでなく、ガリラヤの大地において苦しみ悲しみを嘗めつつ暮らす人間たちのただ中に生まれ始めていることを言葉と行いによって表していった。イエスにとっては、「天の父よ」と祈ることを教えることも、譬えで父のみこころを

語ることも、病気の人を癒すことも、悪霊に憑かれた人から悪霊を払うことも、「罪人」や「徴税人」や「娼婦」と親密な関係を築くことも、すべては、神の支配が今ここに本当に到来していることを体現する行為であった。

　福音書を読むと、悪霊を追い出すという行為がイエスの宣教の中でかなりの比重を占めていることに気が付く。またそれを目撃した人々に強い衝撃を与えるものであったことも想像できる。「ベルゼブル論争」（ルカ 11:14-23 他）は、イエスの業への非難中傷が苛烈なものであったことを窺わせる。「口を利けなくする悪霊」の追放は、苦しんでいた人を解放する恵みの業であるにもかかわらず、それに対して「悪霊の頭ベルゼブルの力で悪霊を追い出している」と揶揄する者がいたというのはどういうことだろう。「悪霊に憑かれた者はそのままでもよいではないか。余計なことをして秩序を乱さないでもらいたい」という多数派の身勝手な心理が働いているのではないか。その発想自体が、社会が悪霊に毒されていることの証左ではないか。

　そのような攻撃に対し、イエスは毅然と反論する。そして、「私が神の指で悪霊を追い出しているのなら、神の国はあなたがたのところに来たのだ」（同 11:20）と語られた。これは非常に重要な発言である。イエスが苦しむ人間に出会い、深く関わられたところに、神の国は既に来ている。それは「観察できるようなしかたでは来ない。『ここにある』とか『あそこにある』と言えるものでもない。実に、神の国はあなたがたの中にあるからだ」（同 17:20-21）。イエスにおける神の業を受け入れた者たちのうちに、既に「ある」のである。

　この消息は、「手の萎えた人を癒やす」（マルコ 3:1-6 他）のような、「神の国」という言葉が直接には使われていない伝承もまた同じように証言している、ということに目を留めたい。イエスが安息日に会堂に入った時、既に人々はイエスと「片手の萎えた人」に注目していた。イエスの律法違反と思える行為に既存の秩序をかき乱されていると感じていた人々は、イエスを捕らえるための罪状を探していたのである。手が萎えているということのための身体的な重荷だけでなく宗教的なマイナス符号を貼られていたこの人は、この時、イエス攻撃のためのネタとして利用され、残酷な視線にさらされて

いたのである。世のバシレイアは無情である。イエスはそんな彼に「真ん中に立ちなさい」と言う。この「真ん中」から、我々は物理的なセンターという以上のメッセージを汲み取ることができるだろう。――天の父の光があなたに射している。その光の真ん中に胸を張って立ちなさい。あなたは尊い命を天より授けられているのだ。あなたはそれを、恥じることなく恐れることなく、皆の前で示して良いのだ！

　そして、イエスは不躾な視線を向ける者たちに問いをつきつける。「安息日に律法で許されているのは、善を行うことか、悪を行うことか。命を救うことか、殺すことか」（同 3:4）。神の国とは、一人の重荷を負わされている友と出会った時、安息日の規定を自分が固守するためという理由で何もしない、というところではない。何もしないというのは、善と悪の間のニュートラルな道ではない。それは悪を行うことであり、殺すことなのだ。

　人々が緘黙する中、イエスは彼に「手を伸ばしなさい」と命じる。彼はその言葉を信じ、手を伸ばす。これは勇気の要ることだ。長らく動かなかった手である。伸ばそうとして伸ばせなかったらどうなるか。嘲笑され、非難されるだろう。しかし彼はためらうことなく手を伸ばした。それは既に彼がイエスに呼び出され「真ん中に立つ」ことができていたからだ。神の光の中に立っていたからだ。彼は光に向かって手を伸ばす。手だけではない。自分の存在の丸ごとを光へと伸ばしたのだ。ここに神の国は到来している。

　イエスはこの癒しの出来事のために、自分の身を危険にさらすことになる。彼の手を安息日に伸ばしたことは父のみこころに従うことであったが、それと同時に、ファリサイ派の人々とヘロデ派の人々が共闘して「どのようにしてイエスを殺そうかと相談を始め」るという結果、すなわち殺意を身に受けることでもあった。イエスはそれを覚悟の上で、出会った人のただ中に神の愛と義によるバシレイアをもたらされる。十字架上の死は、そのようにして一人の人に神の国が到来するということの重さを担っているものなのである。

　「御国が来ますように」という祈りは、その祈りを与えてくださったイエスの、ご自身の命を与えつくすまでの戦いと切り離すことができない。この祈りは、イエスの死と復活による勝利を内に秘めた祈りなのである。

「既に」と「未だ」の間にある者の祈り

イエス・キリストが来られたがゆえに、神の国は「既に」始まっている。そこかしこで小さな芽を出している。しかし「未だ」あらわには来ていない。なお悪の支配が残存しており、不条理が横行している。

人は傲慢である。自己中心である。勝手である。欲しいのは神の支配などではなく、自分の支配なのだ。御名があがめられることより、自分の名が売れることなのだ。愛や義ではなく、金や力なのだ。奪われている他者の尊厳が回復されることよりも、手にしている自分の権益が守られることなのだ。「今だけ金だけ自分だけ」というのが本心なのだ。自分のバシレイアへの固執のゆえに、イエスによって神のバシレイアがすぐ目の前に差し出されていてもそこへ「入る」ことができない人間の問題を直視し、イエスは悲しみを抱きつつ語る。

「私に向かって、『主よ、主よ』と言う者が皆、天の国に入るわけではない」（マタイ 7:21）。「心を入れ替えて子どものようにならなければ、決して天の国に入ることはできない」（マタイ 18:3）。「金持ちが神の国に入るよりも、らくだが針の穴を通るほうがまだ易しい」（ルカ 18:25）。

しかし、これらは最終的な言葉ではない。もう変えられない決定的な言葉としてではなく、その一つ手前の言葉として「悔い改め」のために語られているのである。神の国が近づいている今、なすべきことは「悔い改めて」福音を信じることである。悔い改めとは、あの欠点、この不足を改善して自己を高めるということではない。自分のバシレイアに頼ることをやめ、神のバシレイアをひたすら求めることである。大きくて力ある者となって神の助けなど必要がなくなるようにすることでなく、子どものように小さな者として「御国をください」と願うことである。「ただ、神の国を求めなさい。そうすれば、これらのものは添えて与えられる。小さな群れよ、恐れるな。あなたがたの父は喜んで神の国をくださる」（ルカ 12:31）。

この世の支配においては、大資本の力は絶大である。大金を投資できるプレーヤーだけが社会を動かせると皆考えている。国家は他国に対してより大

きな力を振るって権益を拡大し続けるために、安全保障という名のもと、より破壊的な軍事力を持つことを競い合う。教会だって、大きな組織と財力を持たなければ社会への影響力を持たない、という常識にはまり、敗北主義に陥ってしまう。しかし、神の国はいつも、小さな所で小さな人々から始まるのだ。「それは、からし種のようなものである。地に蒔くときには、地上のどんな種よりも小さいが、蒔くと、成長してどんな野菜よりも大きくなり、葉の陰に空の鳥が巣を作れるほど大きな枝を張る」（マルコ 4:31–32）。

　神の国は既に始まっている。そこかしこに種が蒔かれている。芽生えている。はっきりとはわからないかもしれないが、成長は続いている。パン種がパン全体を膨らませるように、神の国というパンは膨らんでいくのだ（マタイ 13:33）。その確信に我々は立つ。しかし、神の国は未だ完全に表れてはいない。肉眼で見ていると、悪しき者の支配のほうがはるかに優勢に見える。人はどこまで貪欲になっていくのだろう。人はどこまで貧富の格差を広げ、環境を破壊し、弱者を放置し、人種の差別を続け、人の自由を奪っていくのだろう。「既に」と「未だ」にはさまれた中間の時に生きるのは容易なことではない。「良し」とされた世界が、こんな有様であってよいはずはない。イエス・キリストが人として来られ、その死と復活によって、罪と死との支配を打ち破ってくださった。その世界が、こんな有様であってよいはずはない。そこにある痛みを感じ、神のみこころに従うために苦しむことが求められている。

　「既に」と「未だ」の間には、御国を証しするための時間が与えられている（マタイ 24:14）。「御国が来ますように」と祈るのは、終わりの時をただ座して待つことではなく、神の国と神の義を求めて生きることである。それは、イエスに託された使命に打ち込むという、神の業への能動的参与である。その使命がどんなものかは、譬えでイメージが示されている。「天の国は、十人のおとめがそれぞれ灯を持って、花婿を迎えに出て行くのに似ている」（同 25:1）。「天の国は、ある人が旅に出るとき、僕たちを呼んで、自分の財産を預けるようなものである。それぞれの力に応じて、一人には五タラントン、一人には二タラントン、もう一人には一タラントンを預けて、旅に

155

出た」（同 25:14–15）。「そこで、王は答える。『よく言っておく。この最も小さな者の一人にしたのは、すなわち、私にしたのである』」（同 25:40）。

　神の国は、人間が作る理想社会ということでなく、向こう側から到来するものである。神だけが完成させられるものである。しかし神は、神の子たちがそれに無関係であるよう求めているのではない。闇を灯で照らすため油を用意すること、預かったタラントンで実りを生み出すこと、困窮している人を訪ねて分かち合うこと。ブルームハルト父子が示してくれた「待ちつつ急ぎつつ」の生き方。それが、神の求めておられることである。

神の国への舞台稽古としての主の祈り

　J. E. バークハートは『礼拝とは何か』の中で、神の恵みへの応答としての礼拝には「リハーサル」という次元が存すると言う。神の国の祝宴、終末の先取りである我々の礼拝には、「神の愛の支配のもとでは人間はこう生きられる」という芝居の稽古のような面があるというのだ。「御国が来ますように」と日々祈って生きる、ということにも同じようにリハーサル的性格があるのではないだろうか。御国を本気で待ち望むなら、神の愛の国では人間はこう生きる、ということを人生と生活で表現するようになる。主の祈りによる舞台稽古は新しい人間を作り、どんな困難な中にあっても希望を持ち続ける者とする。

　毒麦のたとえ（マタイ 13:24 以下）が示すように、御国へと至る道の途中では毒麦の混入という厄介な問題も起こる。しかし畑の主人は「刈り入れまで両方とも育つままにしておきなさい」と言われるのである。裁くことは神に委ねよう。良い種として蒔かれた者の使命は、終末からの光を照らして恥じない生き方を「今」していくことだ。あなたの国が来ますように、と祈りながら。

参考文献

J. E. バークハート『礼拝とは何か』越川弘英訳、日本キリスト教団出版局、
　2003 年

みこころの天になるごとく
地にもなさせたまえ

安井 聖

自らの罪の前に立たせる祈り

「御心が行われますように　天におけるように地の上にも」（マタイ 6:10）。これは、主の祈りの第三の祈りの言葉である。この祈りをわたしたちが祈ろうとする時、重要な課題に直面する。例えば愛する者の死を、不意に襲われる病を、不幸と思われる境遇の中での生活を経験する。そして、なぜこのようなことが起こるのかと問わざるを得ない苦悶の中に立つ。その時、そこでなおこの祈りをして、自分の人生もまた神の御心によって導かれているのだと信じようとする。これは仕方のないことだと諦める運命論者のようにではなく、困難な現実を前になお顔を上げ、希望を持って、御心が行われますように、と祈る。この第三の祈りは、わたしたちにそう祈ることを求めている。

非行を犯した少年たちが更生していくための施設である北海道家庭学校で、かつて校長をしていたキリスト者の谷昌恒は、『ひとむれ』という著書の中で次のように書いている。

「運命愛。私がこの学校で少年たちと追い求めているものはこれに尽きる。運命というものはその前に立ちはだかり、地団太を踏み、文句を言い、拒

み続けている間は、限りなく索漠としたものになるであろう。僕は何故こんな貧しい家に生まれたのだ。僕の親父はなぜあんなにやかましいのだ。答えは。答えは勿論ない。答えがないという意味で、それは道理を外れている。道理に外れている運命は憎む以外にすべはないのか。明らかなことは、憎しみからは何も生れないということである。運命はこれを愛することによって浣渫としたものになる。性根をすえ、腹をすえて、運命をうけとめ、しっかりとこれを背中に背負うこと。人生が一変し、世界が一変して、私どもの一日々々がにわかに躍動するのである」（谷昌恒『ひとむれ』329頁）。

　家庭環境に恵まれなかったために、少年たちは辛い経験を重ね、自棄になって非行を犯してきた。そんな少年たちの多くは、父親への強い憎しみを抱えていた。自分の親父はなぜあんなにひどい人間なのか、と自問しても、それはどうすることもできない運命としか言えない。しかし谷は少年たちに、その父親を憎むのではなく、愛し、赦し、受け入れるように促す。そのようにして自分自身の運命を愛し、なお前を向いて生きようと励ますのである。

　運命愛（アモール・ファティ）という言葉は、一般にはギリシア思想の運命論と結び付けて用いられる。では谷はここで、聖書に基づく信仰とは異なる言葉を述べているのか。違う。運命論による諦めの心からは、憎んでいる相手を赦して受け入れる愛の心は決して生まれない。わたしは谷が運命愛という言葉を用いて少年たちに語りかけながら、主イエスが教えてくださったこの「御心が行われますように　天におけるように地の上にも」という祈りを一緒に祈るように促していたのだと思う。この地上でわたしたちが直面し、背負っているひとつひとつの出来事を、「神よ、これは天におられるあなたが定め、歩ませておられる道だと受け入れさせてください」という祈りに招いている。

　谷はここで、自分は運命愛を子どもたちに教えているのだ、とは書かなかった。「運命愛。私がこの学校で少年たちと追い求めているものはこれに尽きる」。子どもたちと共に追い求めていたのである。いかなる時にも神に信頼し、神の導きに服従して生きていくことに、谷自身も葛藤と困難を覚えていたに違いない。だからこそ、少年たちの上に立って運命愛を教えることを

せず、いつも自らの弱さを前にしながら、少年たちと同じ地平に立って歩んでいた。わたしたちもこの祈りを祈ることによって、信仰の高みに立とうとするのではなく、むしろこのように祈ることのできない罪人としての自分の姿を率直に認めることを、この祈りは求めているのではないか。

神の救いの御心が実現しますように

預言者エゼキエルは、そんな罪人にする憐れみに溢れた神の語りかけを聴き、その言葉を人々に取り次いだ。

「彼らに言いなさい。私は生きている——主なる神の仰せ。私は悪しき者の死を決して喜ばない。むしろ、悪しき者がその道から立ち帰って生きることを喜ぶ。立ち帰れ、悪の道から立ち帰れ。イスラエルの家よ、あなたがたがどうして死んでよいだろうか」（エゼキエル書33:11）。

心動かされる言葉である。神の御心を受け入れられず、かえって憎しみに心奪われ、自棄になってしまっている自らの姿に気づかされる時、そのようなわたしたちがなお滅びの中で死ぬことを決して望まれない神の御心が語られている。むしろ死の道から立ち帰って生きることをこそ、神は望んでおられる。どんな罪の中にある者であっても救いたい、との御心を神は持っていてくださるのである。

ヤン・ミリチ・ロッホマンは、第三の祈りにおける「神の御心（意志）」という言葉について興味深い説き明かしをしている。

「新約聖書の『意志（セレマ）』の場合には強調点がすべて意志の内容に置かれている。この点からとりわけ神の意志という概念の内容も決定される。したがってすでに見てきたように、このモチーフが抽象的、無自覚的に用いられることが戒められている。しかしわれわれはどこで、どのように神の意志に出会うのだろうか。……新約聖書では、『意志』は明らかに『神の救いの意志』であり、その関係はより密接で、重要な意味を持っている。このことは、マタイが『この概念を父の名前と一つに結び付けた』ことからも分かる。……神の意志は、空虚で、一般的であるのではなく、その主体、父によってすでに決定されている。それは、子の救いのことを当然心にかけている

父の意志である」（ロッホマン『われらの父よ』149-150頁）。

　ロッホマンによれば、新約聖書が語っている神の御心とは、内容の定まらない、一般的な神の意志というようなものではない。わたしたちが「御心が行われますように」と祈る時、天において父なる神はわたしたちが救われることを御心としておられ、その御心がこの地上で実現しますように、という固有の内容を持った祈りとなる。

　ロッホマンと同様に竹森満佐一も、主の祈りの述べる神の御心がわたしたちを救う神のご意志であると理解しながら、次のように述べている。

　「それ〔神の御心〕はどんなものでしょう。何よりも、神が、あらゆることを乗り越えて、罪人の救いを完成しよう、と思っておられることであります。そのためには主の十字架が、どうしても必要なのであります。それゆえ、あえて、主にそれを求められたのであります。それならば、主イエスが、御心が行なわれますように、と祈ることを教えられた時には、やはり、それを考えておられたのであります」（竹森満佐一『講解説教　山上の説教』321頁）。

　主イエスはこの第三の祈りによって、神が主の十字架を通して与えてくださる救いの実現を願うように求められたのである。

十字架を通して実現した救いとは

　そして主イエスご自身が、ゲツセマネでこの第三の祈りを祈ってくださった。十字架で死ぬことをお求めになる父なる神のご意志を前にして、「御心のままに」（マルコ14:36）と祈られたのである。しかし同時に主は、「アッバ、父よ、あなたは何でもおできになります。この杯を私から取りのけてください」（同）と願われた。カール・バルトはゲツセマネにおける主イエスの祈る姿を説き明かして、次のように問いかける。ソクラテスは自分の死を受け入れ、晴朗な心で毒杯を飲んだ。教会の殉教者たちも、恐れることなく堂々と死んだではないか。主はそのような人たちよりも臆病であり、わたしたちのように神の御心を受け入れることのできない弱さを抱えておられたのか。違うはずだ。主は公生涯の最初から十字架の死を覚悟して、それをご自分の使命と受け止めて歩んでこられた。ではなぜゲツセマネでこのように立

ちどまり、恐れておられるのか。このゲツセマネの祈りにおいて、主は何を経験なさったのか。

　そのように問うバルトは、次のように考察する。

　「すなわち、一方には彼（イエス）が従いつづけて来た神の意志。そして、どんな場合にも、そしてそれがどんなものであっても、今後も従おうと思っていられた神の意志。その生起に対して、彼が全く心を打ち開いていられた神の意志。そして、他方には、彼がこれまで抵抗し給うた悪しき者の力。そして、どんな場合にも、どんな形でそれが自分に出会おうと、抵抗しようと思い給うた悪しき者の力。それに対して、彼が全く心を鎖し給うた、悪しき者の力。──その双方の間に一致が起ろうとしているという謎が、彼の前には立っていたのである。悪しき者と悪しき者たちの支配によって、神の支配が覆われようとしているということが、彼を震撼するのである」（バルト『和解論I/2』208頁）。

　十字架の死は、神の善きご意志とサタンの力が一つとなり、その結果悪しき者の支配によって神の支配が飲み込まれてしまう出来事であった。そこで主イエスは、神のお姿が全く見えなくなる経験をなさった。そのことに耐えられず、「この杯を私から取りのけてください」と主は祈られたが、神のお答えは返ってこなかった。主は神の沈黙を経験なさったのである。

　このバルトの文章を読み、わたしは数年前に遠藤周作の『沈黙』の映画を観に行ったことを思い出した。江戸幕府は鎖国政策を行い、キリスト教会の信仰を固く禁じ、それでもなお隠れて信仰に生きる人々を厳しく迫害していた。そのような中で、主人公のポルトガル人の宣教師が日本に来て、迫害に苦しむ信徒たちを励ました。しかし、やがて自分も信徒たちも捕らえられた。この宣教師は自分が処刑されたとしても、棄教しない覚悟があった。ところが、その宣教師をどうにかして棄教させようと幕府の役人は考え、捕まえた日本人の信徒たちが激しい拷問の末に棄教すると言っているのに、なおその人たちを残忍な仕方で殺していった。そして「救いたければ、お前が棄教せよ」と宣教師は迫られ、信徒たちの呻き声に耐えられなくなり、遂に踏み絵を踏んで棄教した。それはまさに神の御心はどこにあるのかと問いながら、

神の支配が悪しき者の支配によって飲み込まれていくのを目の当たりにする
経験ではなかったか。たくさんの読者がこの小説を愛読し、またその映画に
も多くの人が足を運んだ。それは日本の人たちも、自分が悪の支配に飲みつ
くされてしまい、絶望してしまう経験を、自分の問題として知っており、だ
からこそこの宣教師の姿に心が捕らえられたのではないか。

　わたしはそのようなことを考えながら、しかし同時に十字架で主イエスが
経験なさったことは、『沈黙』の宣教師とも、わたしたちとも違うと思った。
主が直面された悪しき者の支配は、サタンの手先のように働いて主を十字架
で殺した人々の残忍さを批判すればそれで片付くような問題ではない。主が
ゲツセマネでご覧になった罪の暗黒は、わたしたち自身の罪が造り出してい
るものなのである。神の御心に従うことにつまずき、その結果神の支配を無
視して生きるわたしたち人間の罪は、主をこれほどの苦悩に追い込んでしま
うほどに深い闇だったのである。

　そしてもう一つ、主イエスとわたしたちの経験で決定的に違うことがある。
この宣教師は暗黒に飲み込まれる苦悩の中で、「踏み絵を踏みなさい」と語
りかける主イエスの声を聴かせていただいた。そして、キリスト者であるこ
とを捨てて生きざるを得なかった後の人生においても、この人が主の語りか
けに支えられて生き続けたことを予感させるような仕方で、その映画は締め
くくられていた。わたしたちも絶望の闇の中で、この主の声を聴かせていた
だける。それは主が悪の支配に飲み込まれるようにして十字架に死なれた出
来事が、どれほど深い絶望にあえぐ者をも捉えて離さない救いのみわざに他
ならないからである。同時に主ご自身は全くの神の沈黙の中で、「御心のま
まに」と祈られ、わたしたちを救う神の御心を受け入れてくださった。だか
らこそバルトは、「この祈りは、彼の前にも後にも、誰一人そのように祈る
ことの出来た者はいないし祈った者もいない祈り」(『和解論 I/2』212 頁)に
他ならないと述べる。

　では主の十字架がもたらしてくださった救いとはどのようなものか。わた
しはこのことを説き明かすバルトの言葉に大変心打たれた。

　「悪しき者の力が他ならぬイエスの上に襲いかかり、その死の業が他なら

ぬイエスにおいて成就しなければならなかったのは、それが、彼において起ることによって、すべての人間の解放のために、最後決定的に行われ、すべての人間のために行われるためであった。そのようなことが、イエスがあの怒りの杯を手に取って、最後の一滴にいたるまで飲みほし給うことによって、起ったのである」（同書212頁）。

　「サタン自身が、イエスの苦しみと死において遂行される神の意志に用いられることによって――〔イエスという〕この一人の方に対する力の行使によって、ただ神がその栄光のために・またすべての者の救いのために決意し給うたことしか為し得ないことによって、サタンの支配には、一つの限界が置かれ、その支配の終りがすでに現われるのである。……この世が――その手によってイエスが苦しみ死に給う罪ある人間たち自身が（ユダからピラトに至る人間たちすべての者が）、死の中へとイエスが献身し給うたあの出来事に――神との自分たち自身の和解のために起る出来事に、積極的に参与するのである。……そのように罪ある人間たち自身が参与するのは、イエスの敵としてであり、その信仰的な決断によってではなく、その極めて不信仰な決断によってであるが、しかも、そのような決断において、イエスの敵・告発者・審判者・死刑執行者として、積極的にこの出来事に参与するのである。もはや、彼らは、悪しき者の道具ではなくて、すでにその悪の中にありつつ、不本意ながら神の道具なのである」（同書213頁）。

　十字架において、すなわち罪の闇が最も深まるところで、神が罪人との和解の道を切り拓いてくださった。なぜなら、わたしたちが最も大きな罪を犯している時、まさにその罪が主を十字架で殺し、その十字架の死を父なる神はわたしたちを罪から救う勝利の道としておられるからである。ここに神の救いの御心は実現した。わたしたちはなおそこで、自分の罪を悲しみ、悔いる心を忘れることはできない。しかし、自分の罪深さをどんなに思い知らされたとしても、もはや絶望に支配されることはなくなってしまったのである。

戦いの中で主の祈りを祈り続ける

　アウグスティヌスがこの第三の祈りについて、興味深い説き明かしをして

いる。「さらに、天と地を霊と肉の意味に解釈することも、けっして愚かなことではなく、かえってわれわれの信仰にも希望にもきわめて適したことである。実際、『わたしは理性によって神の法に仕え、肉によって罪の法に仕える』（ローマ7・25）という使徒パウロの言葉により、われわれは神のみ旨が心のうちに、すなわち、霊のうちに行なわれることを知っている」（アウグスティヌス『主の山上のことば』204頁）。

こう語り、霊（心）においては神の御心に従うが、肉体の生活においては従うことのできない人間の姿を見つめ、その葛藤を乗り越えられるのは終末においてである、と語る。

したがって、終末まで葛藤を覚えながらこの祈りを祈らざるを得ないのであるが、アウグスティヌスはさらにこのように言葉を重ねる。

「もちろん、われわれの本性が罪を犯してもたらした死すべき運命のゆえに当然負けなければならなくなった事態をわれわれが耐え忍ぶとき、われわれのみじめさの中にさえ神のみ旨は行なわれるのである」（同書205頁）。

訳者の熊谷賢二はこの言葉に注釈を加え、まさにここでアウグスティヌスが原罪の教理に触れているとし、人間は終わりの日まで自分の欲望と戦わざるを得ないが、「このような戦いを耐え忍び、勇気をもってそれに立ち向かうことは、人間にとって、まさに、神のみ旨を果たすことになるのである」（同書309頁）と語る。第三の祈りを口にしながら、神の御心に生き得ない自分の弱さと戦って生きることそのものが、すでに神の御心を実現する歩みとなっている。これは何という大きな慰め、励ましであろうか。そのように信じ得るのも、主がこの祈りをご自分の祈りとしてくださり、わたしたちの罪に対する完全な勝利を収めておられる事実に支えられているからである。

黙想への提案

第三の祈りを口にする時、神の御心を受け入れることのできない自らの罪の前に立たざるを得ない。しかし父なる神は、そんなわたしたちを救うことを御心としていてくださる。そして父の御心を主イエスは受け入れてくださり、十字架に死んでくださった。主が与えてくださった救いに支えられ、こ

の祈りを祈り続ける戦いの道を、わたしたちは望みをもって歩んでいくことができる。このような筋道で黙想することを提案する。

参考文献

カール・バルト『教会教義学　和解論 I/2』井上良雄訳、新教出版社、1960 年

アウグスティヌス『主の山上のことば』熊谷賢二訳、創文社、1970 年

谷昌恒『ひとむれ』（第二集）評論社、1977 年

竹森満佐一『講解説教　山上の説教』新教出版社、1990 年

加藤常昭『マタイによる福音書 2』（加藤常昭説教全集 7）ヨルダン社、1990 年

同『マルコによる福音書 3』（加藤常昭説教全集 12）ヨルダン社、1993 年

J. M. ロッホマン『われらの父よ──主の祈り講解』南吉衛・南含訳、キリスト新聞社、2001 年

我らの日用の糧を、今日も与えたまえ

宮嵜　薫

第四の祈りの位置付け

　主の祈りは、「天にまします我らの父」なる神に、われわれの願いを求める祈りである。神の御名が聖とされること、御国が到来することに次いで、御心が地においてなされることが祈り願われる。天の父に向かって心を高く上げ、神の御名と御国と御心に関する三つの祈りがまず祈られる。

　こうして神を高く崇めたあと、第四の願いとして祈られるのが「我らの日用の糧を、今日も与えたまえ」である。父の御心が地においても実現しますようにと祈った直後にさっそくわれわれは、大胆にも地上のわれわれの具体的な嘆願を祈り求めてゆく。祈っているうち次第に、高く上げていた目線は低くされてゆき、心は祈る者の内部へ奥へと深く降りてゆくだろう。そこで最初に祈られるのは、地上の「われわれ」に「日毎の糧」が「今日も与えられる」ことである。この後われわれの罪が赦されることに先立って、この「パンを求める祈り」が祈られる。

　主イエス・キリストが弟子たちにこう祈れと教えられた。主イエスがわれわれのために教えてくださったこの第四の祈りは、「主の祈り」において中心的な位置と内容をもっていると考えられる。これはいったいどういう祈りなのか。

現実的な食べ物の切望

第一に、これは、われわれが生きるに必要な食べ物を与えてくださいという現実的で直接的な祈りである。「主の祈り」が記されているマタイによる福音書6章11節とルカによる福音書11章3節によれば、ギリシア語の最初の文言はどちらも「パンを（トン・アルトン）」という目的語である。まず「パンを」欲するのが人間である。その飾らない要求の表現がまっさきに祈られる。パンは、大地の穀物から作られる文字通りのパンであると同時に、「食べ物」全般を指す代名詞でもある。パンが与えられることはいのちにとって最重要で切実な問題である。胃袋を満たすこと、物質的な必要が満たされることを願うのは、精神的な事柄を願うより劣ると考えてはならない。食べ物のような卑近なことは、自分たちでなんとかすべきで、天の父に願ってはならないというような勝手な思い込みは、まず主御自らがここで取り除いてくださるのだ。

そもそもいのちを造られた創造主なる神が、われわれのための食べ物について配慮されなかったことはなかった。

創世記1章29節で、人に対して神は言われた。「私は全地の面にある、種をつけるあらゆる草と、種をつけて実がなるあらゆる木を、あなたがたに与えた」と。そして、大洪水ののちは、「地の続くかぎり、種蒔きと刈り入れ」はやむことがない（創世記8:22）と誓われ、さらに「命のある動き回るものはすべて、あなたがたの食物となる。あなたがたに与えた青草と同じように、私はこれらすべてをあなたがたに与えた」（同9:3）と人に肉食を許された。この約束のとおり、神はすべての人と生き物の命を養うために食べ物を備え、与えられる方である。

この後、聖書の至るところで、主がご自分の民にパンを与えられる出来事や、民が祝いと交わりの食事を楽しむ記事がふんだんに記される。たとえば、荒れ野において、水や食物のない場所であえぐイスラエルのために、主は水をほとばしらせ、天からマナをふらせて民を40年養われた（出エジプト記16章）。また、力尽きた預言者エリヤの前に、食べ物を届けさせ、立ち上がることができるように力づけられた（列王記上19:4以下）。

　それゆえ、われわれは体のため、生きるための食べ物が与えられることを、このいのちの創造主なる神に祈り願ってよいのである。備えられた糧を前にして祈る食前の祈りは、与え主である神への感謝の言葉となる。食べ物を通して、人は神との親しい交わりの中に置かれるのである。だから、豪華でなくとも、一人きりの食事であっても、その食卓は神を思う交わりの時、いのちあることが祝福される祝いの時となる。主にあるきょうだいが複数集まる食事であれば、なおのこと、神を中心に据えた喜びの祝宴となろう（詩編133:1）。

食べることの恵み

　食べれば、体にも心にも力と喜びが与えられる。慰められ、生きることを許されていることを実感できる。食事のたびに感謝して食べ物を味わう時、同時に、神に養われ、神の保護のもとで日常を生かされている恵みを思う。

　もしも食べるに事欠く場合は、その時こそ、このパンを求める祈りを大胆にしてよい。食べるとは生きることと直結する。創造主は、こまめに食べて生きるようにと人の体を造られたゆえに、食べられなくて困窮する人を顧みられないはずはない。

　人は、他の生き物とは違って、アダムの罪以来、食べ物を得るためには労苦が伴う（創世記3:17–19）が、「すべての人は食べ、飲み　あらゆる労苦の内に幸せを見いだす」（コヘレトの言葉3:13）ということも真実である。食べて幸いを得ることこそが神の賜物である（同）。労苦の報いとしての食の楽しみは、古来より永遠に変わらずにある、神が人に与えた贈り物だ。

　この天の父をよくご存じの主イエスは、それゆえ「空の鳥を見なさい。種も蒔かず、刈り入れもせず、倉に納めもしない。だが、あなたがたの天の父は鳥を養ってくださる。まして、あなたがたは、鳥よりも優れた者ではないか」（マタイ6:26）と言われた。天の父がいかに富んでおられ気前よく恵みをくださる方であるかをご存じだからこそ、主イエスはまず、日常の食生活におけるパンを求める祈りを教えてくださった。

御言葉としてのパン

　神を知れば知るほど、主イエスはこの第四の祈りにおいて、実際に食する食べ物のことだけを言われたのではないことが次第にわかってくる。われわれに日々のパンが与えられることは、まったくもって、いのちを生かしてくださる主の恵みによる。このことを思わなくてはならない。

　主イエスは、空腹時に悪魔から試みられたとき、「人はパンだけで生きるものではなく　神の口から出る一つ一つの言葉によって生きる」との申命記8章3節の御言葉をもって悪魔を退けられた（マタイ 4:4。ルカ 4:4 参照）。

　もちろん、パンは生きるに不可欠なものだから、どんな生き物にも与えられる。主は「悪人にも善人にも太陽を昇らせ、正しい者にも正しくない者にも雨を降らせてくださる」（マタイ 5:45）方である。あらゆるいのちがこの公平なる神からの等しい恵みに与っている。しかし、主イエスが、人は神から発せられる御言葉によって生きると言われたとおり、主なる神の御言葉に聞き従うことを欠いては、人はまことに人間らしく生きることはできない。

　人は神の似姿に造られた存在であるがゆえに、主の御言葉こそが、正しく人を導く。御言葉は時に人を懲らしめ、その罪を明らかにするが、それは神に背いた人を罪のゆえに裁いて滅ぼすためではなく、何人をも救い、主である神のもとに導くためである。憐れみ深い主が与えられる御言葉とパンは、民を滅びではなく救いへ、呪いではなく祝福へと導かれる手立てである。

　「私の掟に従って歩み、戒めを守り行うなら、私は季節に応じて雨を降らせる。大地は実りをもたらし、野の木は実を結ぶ。脱穀はぶどうの摘み取りまで続き、ぶどうの摘み取りは種蒔きまで続く。パンを食べて満ち足り、安らかにこの地に住むことができる」（レビ記 26:3-5）。

　このように主なる神は、ご自分の口から出る御言葉に聞き従う者たちは、主にまったく信頼することによって満ち足りて平安に生きることができると約束されている。

　反対に、レビ記 26 章後半において、主に聞き従わない者らに対しては、主がパンの蓄えを断ち、食べても満たされない状況が起きると警告される。さらに、それでも聞き従わず、主に逆らって歩むなら「私は激しい憤りであ

なたがたに逆らって歩み、その罪に七倍の懲らしめを加える。あなたがたは自分の息子の肉を食らい、娘の肉を食む」とまで言われた（28-29節）。我が子の肉を食らうとは、これはもはや人間でない。野獣以下である。

　こうまで言われる主なる神は、その御言葉の鋭い光をもって、人が悪魔に支配されたり、闇の力に脅かされたりしないように、そのためにも決してご自分から離れてしまうことがないようにと願っておられる。それが、われわれの天の父なる神の御心である。

主イエスはまことのパンである

　この御心のままに遣わされ、世の光として来られた御子、主イエス・キリストその方こそ、生ける神の言が「肉となって、私たちの間に宿った」（ヨハネ 1:14）方である。

　キリストは、ご自分は命のパンであると言われた。

　「私は、天から降って来た生けるパンである。これを食べるならば、その人は永遠に生きる。私が与えるパンは、世を生かすために与える私の肉である」（ヨハネ 6:51）。

　驚くことに、われわれのために、父なる神はあえて独り子を与え、この肉を食べよと差し出されたのだ。神の言が肉となられた主イエスこそ、まことに人を生かすパンであり、霊の食べ物である。主イエスを信じて、主の与えるもの（永遠の命の言葉）を受け入れるなら、それはまことの霊肉の糧となり、その人を永遠に生かすと主は言われた。

　そうであるから、「我らの日用の糧を、今日も与えたまえ」との祈りは、我々の生命保持のため口から摂る日々の食べ物のことだけではすまなくなる。永遠の命に至るためにわれわれを生かす御言葉を日々与えてください、そして生ける神の御言葉である主イエスに、日々新たな心で従わせてください、という祈りへと深められていくであろう。主の祈りは、祈る者の信仰を成長させてくれる祈りである。

　幸いなる食べ物は、心と体に満足をもたらす。それと同じように、あるいはそれ以上に、まことの命の糧である主の御言葉が、神と人を確かに結び合

わせるものとなる。

　だから主イエスは、ご自分の弟子たちに「朽ちる食べ物のためではなく、いつまでもとどまって永遠の命に至る食べ物のために働きなさい」と言われた（ヨハネ 6:27）。

　また、主イエスはご自身をぶどうの木になぞらえて言われた。「人が私につながっており、私もその人につながっていれば、その人は豊かに実を結ぶ。私を離れては、あなたがたは何もできないからである」（同 15:5）。

　このように、主イエスはわれわれとの関係において、「いつまでもとどまる」「つながっている」という継続性、恒常性を求めておられる。それゆえ、日常の食事を通して栄養と活力を受けるように、主イエスを信じる者は、日々御言葉に接し、父の御心なる主イエスを来る日ごとに受け入れて新しく生かされることこそ願わしい。そのような日々が、主と共に光の中を歩む神の子らの道である。

聖餐の食卓、神の国の祝宴

　主イエスを信じて教会に連なる者たちには、特別に、主とのつながりを覚えさせていただく聖なる食卓が用意されている。聖餐の食卓は、「主の祈り」の第四のパンを求める祈りと無関係であるとは考えられない。聖餐式のパンとぶどう酒をいただく聖なるテーブルにおいて、そこに現臨される主がわれわれを招いてくださる。主が、ご自身の御体であるパンを裂き、流された契約の血である杯をわれわれに差し出してくださる。「人の子の肉を食べ、その血を飲まなければ、あなたがたの内に命はない。私の肉を食べ、私の血を飲む者は、永遠の命を得、私はその人を終わりの日に復活させる」と主は言われた（同 6:53-54）。われわれのために、十字架にかかって肉を裂き、血を流し、その死と苦しみとをもって罪を贖ってくださった主が、なんの功績もなしにわれわれを招いて、神の子とし、永遠の命を与えることを約束してくださる恵みをわれわれは受け取りつつ日々を歩む。

　もし、教会の礼拝においてこの聖晩餐の恵みに与れない事態が生じているなら、「我らの日用の糧を、今日も与えたまえ」との祈りは、とりわけ切実

な祈りとなろう。

マタイ、ルカとも「日ごとの」と訳された、この箇所だけに用いられる言葉には、「来る日のために必要な／十分な」といった意味がある。ご臨在の主から、われわれの明日からの日々のためにどうしても必要な、主の御体なるパンと御血潮であるぶどう酒を兄弟姉妹と共にいただいて、キリストに結ばれていることを確信することなしに、信仰者の活力は萎れずに保たれることができるだろうか。

なんとなれば、聖餐は神の国での祝宴の先取りでもある。聖餐への招きは、主に救われた者が神の国へ招待されることに通じる。「神の国で食事をする人は、なんと幸いなことでしょう」(ルカ 14:15)。

われわれが地上で祈るパンを求める祈りは、生きている限り労苦や窮乏が伴う生活のなかに見出される喜びを求める祈りであり、同時に、それを唯一与えたもう神への感謝を表す祈りである。しかし、地上の生が終わり、天上の神の国の宴席に招かれたなら、そこではもはや日毎のパンを与えたまえと祈る必要はなかろう。天上では、五つのパンと二匹の魚とで五千人の人を満腹させてもなお余りあるほどの尽きない豊かさをもって、父なる神が迎えてくださるにちがいない。その幸いと満足を人々にお与えになるために、主イエスはすべての民に洗礼を授けよとの大伝道命令をくださっている。

交わりにおける糧の分配

そのような主の与えたもう幸いに与る希望に生かされている者たちは、過酷な現実を目の前にしても、地上に御心がなることを願い求めて行動することへと促されるだろう。

最後に改めて考えたい。与え主なる主に向かって、われわれが、「日用の」糧を「今日も与えたまえ」と祈るよう教えられていることにはどんな意味があるのだろうか。

マタイでは「今日」、ルカでは「毎日」である。マタイでは「お与えください」の時制はアオリストで、「今日」という一回性が強調されるのに対し、ルカでは「お与えください」は現在形で「毎日」という継続性、日常性が

強調される。マタイの教会において、より困窮し切羽詰まった状況のあることが窺われる。終末的な祈願であると言えるかもしれない。マタイのように「今日」のこの時の欠乏を「願う前から、あなたがたに必要なものをご存じ」（マタイ6:8）である天の父に信頼して祈る祈りは、われわれにとっても、とくに非常時において祈られる真剣な祈りである。

　多くの外国語の「主の祈り」では、「今日」という言葉が用いられるようであるが、われわれの「主の祈り」は「今日も」である。マタイの「今日」とルカの「毎日」の融合だろうか。「も」に日本語らしい婉曲さと語感の円やかさが感じられる。昨日もそうだったように今日も、そして明日も明後日も。変わらぬ主への信頼の思いをこめて、「我らの日用の糧を、今日も与えたまえ」と祈りたい。

　いずれにしても、この「日用の糧を今日／毎日」与えたまえという祈りには、一部の人が食べ物の恵みを占有してはならないという戒めが含まれているだろう。どの人もその日一日分だけのマナを集めるようにと公平さを求められた父の御心は、偏った人や地域や国にのみ食糧が配分されることをお望みになるはずがない。有り余る食べ物の大量廃棄や、過剰摂取による不健康の問題がある一方で、争いや貧困や暴虐のゆえに食べられず餓死する人々が多くいる歪な世界において、われわれ皆に、必要にして十分な糧を日々欠かすことなく与えてくださいと祈ることは、全人類にとっての、とても重大な悲願の祈りなのである。

黙想のために

　天の父は、われわれに必要なものは祈る前から何でもご存じであられる。だから祈らなくても神様はわかっているはず、とはならない。命のために必要な食べ物が与えられるのはまったく神の恵みであることを覚え、この祈りを口に上らせる。そのとき、主は近くにいましてくださる。神と人との交わりが始まる。口はまずそのためにある。

　今、口元を覆わずに会話することや、会食することが憚られている。ウイルス感染抑止のため、教会での会衆賛美や祝会、愛餐会などの交わりの機会

が制限されている。

　だからといって、食べ物が、御言葉がわれわれに与えられていないわけではない。そのことを大いに喜びたい。不安の多い時だからこそ、神の御言葉を求めて心の糧としたいと思う機会が多くあるはずだ。豊かな信仰生活のためにも、日々与えられる御言葉に養われたい。

参考文献

平野克己『主の祈り──イエスと歩む旅』日本キリスト教団出版局、2005 年

ヴァルター・リュティ『主の祈り──講解説教』野崎卓道訳、新教出版社、
　　2013 年

ディートリヒ・ボンヘッファー『共に生きる生活』森野善右衛門訳、新教出版社、
　　1975 年

我らに罪をおかす者を　我らがゆるすごとく、我らの罪をもゆるしたまえ

須田 拓

人間の根本問題としての罪

　主は、日々の糧を求める祈りの次に、罪の赦しを求めるようにと教えられた。日用の糧を求めることは、私たちの命に関わる願いである。それが私たちの肉を養うためのパンを指すのだとしても、あるいは神の子とされた新しい命を養う「命のパン」を求める祈りであると理解するにせよ、そのような命に関わる願いの直後に、罪の赦しを求めるようにと教えられているのである。それは、それほどに、罪というものが、私たちの重大問題であり、真っ先にその解決を求めるべきものであることを意味する。

　罪は私たち人間の本質に関わる問題である。罪は、神との関係の崩れであり、神にふさわしくあることができないことである。神を信じないことであり、神から離れ、神に従わないこと、そして神との契約の破れである。

　最初の人間アダムとエバの堕罪以来、この問題から免れる者は誰一人いない。アダムとエバは、エデンの園において、神から食べてはいけないと言われていた木の実を、蛇に唆されて食べてしまったが、そこには、神の判断よりも自分の判断を優先させ、自分を神の位置に置いてしまう人間の姿がよく

表れている。それは私たちも同じであり、人間の罪は、高慢や貪欲、自己神化、自己中心、偶像礼拝などさまざまな形で表出するとされてきた。

　この罪は、世界の、そして私たち自身のあらゆるあり方や問題の根底にあるものである。十戒において、前半で神との関係のあり方が示された上で、後半で隣人との関係のあり方が示されているように、神との関係が崩れれば、隣人との関係も崩れて行かざるを得ない。たとえば、神に自分が愛され、その神があの隣人をも同じように愛しておられることがわからなくなれば、何故隣人を愛すべきであるのかもわからなくなっていくであろう。

正しい者はいない

　パウロは詩編の言葉を引用して「正しい者はいない。一人もいない」（ローマ 3:10）と語った。私たちは、信じていると言っても、「信じます。信仰のない私をお助けください」（マルコ 9:24）と言わなければならないような者でしかない。パウロはさらに「私は、自分のしていることが分かりません。自分が望むことを行わず、かえって憎んでいることをしているからです」、また「私は、自分の内には、つまり私の肉には、善が住んでいないことを知っています。善をなそうという意志はあっても、実際には行わないからです」（ローマ 7:15, 18）と語り、それを自分でどうにもできない者であることを告白している。

　何故誰も罪から逃れられないのか、それをアウグスティヌスは原罪と言い、それ以来、人間の本性が生まれながらに本来あるべき状態から崩れてしまっているからだと理解されてきた。そしてだからこそ、アウグスティヌスらは、人間は罪を犯していない瞬間がないとまで言うのである。

　罪は人間の本質に関わる問題である。罪はマタイ福音書では「負い目」（負債）と表現されている。私たちは、本質的に、神に対して罪責という負債を抱えている状態だというのである。神によって私たちの命が支えられていることを思い、神の前に立つならば、そこで、私たちは本来、その神に顔向けできないような者であり、その神に対する負債を抱えていて、その神の前に立つことなどできないはずの者であることを思わせられる。

その罪を「赦してください」と祈りなさいと主は言われた。その罪を自ら解決せよというのではなく、また自ら義となれというのでもなく、赦しを求めよと言われた。私たちの罪は、赦される以外にどうにもできないのではないだろうか。私たちは、自分でこの本性の崩れをどうにもすることはできず、神にふさわしくなることもできない。だから、このままを赦していただく以外の解決はあり得ない。したがって、「ゆるしたまえ」と祈るのである。

　赦すとは、エレミヤ書の言葉を使えば、二度とその「罪を思い起こすことはない」ことである（エレミヤ書 31:34）。あるいは、負債を帳消しにすることであると言ってよいだろう。したがって、赦されたなら、私たちの罪の行いが神から責められることは決してない。

既に赦されている罪

　ところで、主は「私たちも自分に負い目のある人を　皆赦しますから」（ルカ 11:4）あるいは「私たちも自分に負い目のある人を　赦しましたように」（マタイ 6:12）と祈れと仰られた。一見すると、私たちが他者を赦すことが、私自身が神に赦されることの条件になっているように思われる。確かに主は、マタイ福音書 18 章で、借金を帳消しにしてもらった家来が、自分がお金を貸している仲間を同じように扱わなかった譬えを話され、言われた。「あなたがたもそれぞれ、心からきょうだいを赦さないなら、天の私の父もあなたがたに同じようになさるであろう」（35 節）。

　しかし、私たちはなかなか他者を赦すことができない者でありながら、まして他者が私にしたことを二度と思い起こさないなどできない者でありながら、既に赦されているのではないだろうか。

　教会は「十字架につけられたキリスト」を宣べ伝えてきた。十字架を掲げ、十字架において私たちの罪が主キリストに負われたこと、そして罪の赦しをこそ福音として語ってきた。私たちは、この私たちの罪の救いのためにこそ神の御子がこの地上に主イエスとしてお生まれくださったと知らされている。それは既に、天使がヨセフの許を訪れて、聖霊によってマリアの胎に主が宿ったことを知らせた際にも言われていた。「マリアは男の子を産む。その子

をイエスと名付けなさい。この子は自分の民を罪から救うからである」（マタイ 1:21）。

　そして、だからこそこのお方は十字架への道を歩まれた。そのお方は、第二イザヤが「私たちすべての過ちを　主は彼に負わせられた」（イザヤ書 53:6）と語っていた通りに、私たちの罪を負って十字架で死んでくださった。それによって私たちは、「神はキリストにあって世をご自分と和解させ、人々に罪の責任を問うことなく、和解の言葉を私たちに委ねられた」（Ⅱコリント 5:19）、「私たちはこの御子において、贖い、すなわち罪の赦しを得ている」（コロサイ 1:14）と聞いているのである。

　したがって、「私たちも自分に負い目のある人を赦す」とは、私たちが赦されるための条件ではなく、私たちが赦されることと、私たちが赦すことを切り離してはならないことが意図されている。私たちはこの祈りを祈る時、私が他者を赦す以前に既に赦されていることを知ることで、私たちも他者を赦すべきことを思わせられるのではないだろうか。そこからすれば、私たちが他者を赦すことは、宗教改革者がそのように理解したと言われるように、私が神に赦されていることの証しでもあると言ってよいであろう。

　赦しにあたって、神が私たちの罪に対する審きそのものを取りやめられたのではないことに注意すべきであろう。神は私たちの罪をキリストに負わせて、キリストにその審きを代わりに受けさせている。つまり、神の私たちの罪に対する審きは、キリストにおいてなされている。あるいは、神に対する私たちの負債は、ただ帳簿から消されたのではなく、キリストによって、その命をもって支払われて、償われている。つまり、私たちに対する審きはキリストにおいて終わっており、また、私たちの負債は、キリストによってその支払いが終了しているというのが、赦しの知らせなのである。

　「罪を犯したことがないと言うなら、それは神を偽り者とすることであり、神の言葉は私たちの内にありません」（Ⅰヨハネ 1:10）とヨハネは語った。主の十字架の出来事を見つめる時、私たちの罪のためにお出でくださり命を捨てられたお方を前にして、私に罪がないと言うことはできない。この私には主の十字架が必要であるとして、愛する独り子をお送りくださった神の判

断を偽りとすることになってしまうからである。つまり、神が御子に対して
なした審きが偽りであることになり、また御子が支払った負債の返済が偽り
であることになるからである。

義認から聖化へ

プロテスタント教会は、信仰義認を掲げ、それこそが教会の建ちもし倒れ
もする条項であると告白し続けてきた。それは、信仰によってのみ救われる
ということであると同時に、神の恵みと協働して自己を神へと向けることな
どできないほどに、私たちが決定的に堕落して罪の中にあるという原罪理解
に立つことでもある。

信仰と洗礼とによってキリストに結ばれ、この私の罪とキリストの義を交
換していただかない限り、私の罪は解決することがない。しかし、まさにそ
のことが行われ、この全くの罪人でしかない私が義と宣告されるという驚き
を、宗教改革者は取り戻そうとした。

だがそこで、その信じて主に罪深い自らをお委ねすることすらも、自らの
力でなし得ないと多くの場合考えられてきた。自由意志によって神を信ずる
ことを主張するペラギウスに対して、アウグスティヌスは神の恩寵のみと語
った。自由意志にもなにがしかのことができると主張するエラスムスに対し
て、ルターは、善か悪かを自由に選ぶことができるはずの自由意志は、堕落
によって悪しか選ぶことのできない「奴隷意志」になってしまっていると主
張した。カルヴァンもそうであるし、カルヴィニストたちも、予定論に反対
して自由意志による救いを語るアルミニウス主義に対して、全的堕落（ドル
ト信仰基準）を掲げ、神の恩寵なくしては信ずるようになどなり得ない、人
間の罪の深刻さを語った。

そうなれば、私たちが現にキリストへの信仰を告白し、罪赦され、義と宣
言されているのは、そのために神の大きな恵みの働きがあったことを意味す
る。ただ神の恵みによって、そもそも信ずるはずのない私たちは、信仰へと
導かれ、キリストに結ばれ、義認されたのではないだろうか。そしてそうで
あれば、特にカルヴァンらが、義認に続く聖化を力強く語ったように、私た

ちは、聖霊の働きによって、さらに他者を赦す者へと造りかえられて行くことを祈り願う者でありたい。

黙想のために

　私たちは主の祈りにおいて、「我らに罪をおかす者を　我らがゆるすごとく、我らの罪をもゆるしたまえ」と祈るように教えられている。御言葉に促されてこのように祈るたびに、ある違和感というか、後ろめたさを覚える人は多いのではないかと思う。「我らに罪をおかす者を　我らがゆるすごとく」と口にしているのに、全く他者を赦すことなどできていないという後ろめたさである。そのように、他者を赦せていない、いや赦そうとしても、赦しきれず、また過去のことを忘れるどころか昔のことを蒸し返してしまうようなこの私が、礼拝ごとに、あなたの罪は赦された、と、赦しを宣言される。そこで私たちが出会うのは、何か償いを求められてその結果赦されるというものでも、他者を赦すまで保留となるような赦しでもなく、全く無条件の赦しである。

　この無条件の赦しは、ルカ福音書15章に記され、多くの人々に親しまれてきた放蕩息子の譬え話を想起させるように思う。放蕩息子は、財産の分け前をもらうと、それを持って家を出るが、遊びほうけてそのすべてを使い果たしてしまう。食べるにも苦労することになり、彼は意を決して父の家に帰る。その放蕩息子を、父は責めるどころか、帰ってきたことを喜び、祝宴まで開くというのである。

　この話は、この父のようなお方が私たちの神であるとの、主による宣言である。実際、先の、「我らに罪をおかす者を」との祈りに後ろめたさを覚える私たちに、罪の赦しを宣言してくださる神のお姿は、まさにこの父の姿ではないだろうか。もちろん、私たちは、ただ他者を赦すことができないだけではない。神の恵みによって命与えられ、また育まれ、多くの恵みをいただきながら、その神から離れ、恵みも神のためまた隣人のためという本来の目的のために用いるのではなく、自らのためにばかり用い、無駄遣いばかりしている、まさに放蕩の限りを尽くしている者でもあろう。しかし、私たちは

洗礼の時に、そして礼拝ごとに、この父の姿に出会っているのではないだろうか。

　ただ、この父の溺愛とも言うべき愛は、私たちの理解を超える部分がある。この譬え話の中でも、放蕩息子の兄は、この父の愛を理解できていない。私たちの常識に照らしてみれば、この放蕩息子が何の償いも求められず、また何の叱責も受けずに父に受け入れられるというのは、正義に反することであるようにも映るであろう。イギリスに留学していた時、出席していた教会は、かつてイギリスの会衆派神学者ピーター・フォーサイスが牧会していたことのある教会であった。そこで、フォーサイスによってなされたとされる、放蕩息子の箇所の説教を読んだことがある。フォーサイスは、この話はそのような単純な話ではないと指摘する。この譬え話をお語りになられたお方が、その後どのような歩みをされたのかを見逃してはならないという。このお方は、その後、十字架へと向かわれたが、それは、このあり得ないような話を実現させるためであったというのである。神は十字架によって、私たちの負債を既にこのお方に負わせ、キリストの命が支払われているから、このあり得ない話のように私たちを扱ってくださるのである。

　私たちは、主の十字架を抜きにして、放蕩息子の話を読むことも主の祈りを祈ることもできない。宗教改革者は信仰義認を強調したが、ルターにおいてそれは神の義の理解と関係していた。ローマ・カトリックが神の義を能動的な義、すなわち、悪しき者を滅ぼす義と教えたのに対し、ルターは、受動的な義、すなわち、神が与えてくださる義と理解した。つまり、正しいお方である故に、悪しき者をお見捨てになることができず、義と認めてくださる神の恵み深いお姿を彼は再発見した。それがルターにとっての「神の義が、福音の内に、真実により信仰へと啓示されている」（ローマ 1:17）の解釈であったように、私たちは十字架の下で放蕩息子の話を読み、また主の祈りを祈る時にこそ、この宗教改革者が再発見した神の義のお姿に出会うのであろう。私たちは、この「我らの罪を……」の祈りを祈る時、この十字架につけられたキリストをこそ見つめ、この神の義のお姿を仰ぎたい。そして、宗教改革を起こしてまでこの神のお姿を語らなければならないとの思いに至った

宗教改革者たちの思いを、私たちも与えられたいと願う。

　ルターは、この神のお姿に日々出会うことこそ信仰生活の中心であると語った。彼はこれを「日毎の洗礼」と呼び、この罪深く救われ難い、その内に全く義のない私を、信仰と洗礼によってキリストに結んで、キリストの義の転嫁によって義と認めてくださる神のお姿に、日々御言葉と祈りとを通して出会うとした。その神のお姿に出会う驚きと喜びが私たちの日々の信仰生活の内にどれほどあるだろうかと思わされる。しかし、主の祈りを十字架のキリストを見つめながら祈る時、確かにその神のお姿を思わずにはいられないだろう。

　ただ、ルターが信仰義認を語った際、友人であったヨハネス・アグリコラは、信仰によって義とされたことを根拠に律法を否定した。だが、ルターは『無律法主義への反対』を著してそれに反対したし、カルヴァンとカルヴィニストたちは律法の第三用益を強く語った。この十字架の愛に撃たれるからこそ、私たちの内にその主の恵みへの応答が生まれ得る。あの無条件の愛は、「主のために生き、主のために死ぬ」との応答、そして、その主が仰る通りに神を愛し隣人を愛する歩みへとつながるものであることを見失わないようにしたい。

　フォーサイスは、その放蕩息子の箇所の説教の中で、さらにもう一つのことを指摘していた。それは、この話は聖霊の働きなしには私たちに起こり得ないということである。ルカ福音書15章は、放蕩息子の話の直前に、百匹の羊のうちの一匹を捜す話、十枚の銀貨のうちの一枚を捜す話が記され、徹底して失われた者を捜す神のお姿が描かれている。放蕩息子は自ら父の許に帰ってきたが、私たちはそもそもどこに向かうべきかわからない者であり、父なる神の許に戻ろうなどと思わない者であるのではないだろうか。しかし、失われたまま戻ってこようともしない私たちを捜し求めるためにこそ、神は聖霊をも遣わしてくださったのではないか。そして、私たちは聖霊によって捜し出され、神へと心を向けさせられて、父なる神の許に、主キリストの体なる教会へと足を向け、そこで、「この息子は、死んでいたのに生き返り、いなくなっていたのに見つかった」（ルカ 15:24）とのみ声を聞いたのだと思

う。その聖霊が、私たちを神の子として、さらにその愛に応える者へと造り
かえてくださることを信じつつ、つまり「我らに罪をおかす者を、我らがゆ
るす」者とされることを信じつつ、私たちは主の教えてくださった祈りを祈
りたい。

参考文献

F. B. クラドック『ルカによる福音書』(現代聖書注解) 宮本あかり訳、日本キリ
　　スト教団出版局、2004 年

大木英夫『主の祈り――キリスト入門』聖学院大学出版会、1996 年

近藤勝彦『主の祈りの手引き』日本伝道出版、2007 年

我らをこころみにあわせず、
悪より救い出したまえ

本城仰太

万人の願い

「私たちを試みに遭わせず　悪からお救いください」（マタイ 6:13）。「私たちを試みに遭わせないでください」（ルカ 11:4）。

　私たちは主の祈りの言葉を、聖書の二つの箇所から受け取ることができる。それぞれの言葉遣いも微妙に異なるが、主イエスが主の祈りの言葉を語られた文脈はもっと大きく異なる。マタイでは、「あなたがたの父は、願う前から、あなたがたに必要なものをご存じなのだ。だから、こう祈りなさい」（マタイ 6:8-9）と主イエスは言われ、父なる神への信頼の中でこの祈りができることを教えてくださった。ルカでは、「イエスはある所で祈っておられた。祈りが終わると、弟子の一人がイエスに、『主よ、ヨハネが弟子たちに教えたように、私たちにも祈りを教えてください』と言った。そこで、イエスは言われた」（ルカ 11:1-2）とあるように、弟子の願いに応えて、主イエスが祈りを教えてくださったという文脈である。

　私たちはこの祈りの言葉を日々祈っている。朝起きた時、寝る前、食事の前、休憩の時、電車の中で、車の中で、喜びの中で、苦難の中で。聖書での

主の祈りの文脈は、私たちに大事なことを教えてくれる。いかなる時も父なる神への信頼の中で祈ることができ、また、いかなる状況であってもこの祈りの言葉こそが有効であり、もっともふさわしいということを。

今回与えられているのは、「我らをこころみにあわせず、悪より救い出したまえ」である。最後の頌栄とアーメンを除くと、主の祈りの本体部分の最後である。この祈りの言葉は、誰もが願う祈りである。信仰があろうとなかろうと、祈りの言葉を口にしたことがあろうとなかろうと、心の中で誰もが抱いている思いである。

ただ、私たちはその思いを心に抱くだけでなく、口にすることを求められているし、口にすることができる。苦難の中に置かれた時、どうすべきだろうか？　聖書が第一に語るのは、自分の力で何とかしろ、苦難に抗え、ではない。祈れ、ということである。神に叫ぶことである。

詩編は詩人たちの叫びに満ちている。「主よ、私の言葉に耳を傾けてください。私のつぶやきを聞き分けてください。私の叫びに心を向けてください。わが王、わが神よ。私はあなたに祈っています」（詩編5:2–3）。この詩人は心で叫び、そして口に出して祈っている。詩編には、このような苦難の叫びが満ちている。そして苦難に神が応えてくださる。「苦難の中で主に叫ぶと　主は彼らを苦しみから助け出した」（同107:6 他）。この詩編第107編には、人生のさまざまな場面、道に迷った時、飢え渇いた時、命が衰えた時、捕らわれた時、労苦をした時、心を挫いた時、死が近づいた時、嵐に遭った時、虐げられた時、災いに遭った時、苦悩の時など、あらゆる苦難の時が記されている。これらは私たちの人生の一場面、一場面に重なっていく。主イエスはそのような私たちのために、この祈りを備えてくださった。詩編の詩人たちが祈ってきたように、万人の願いが込められた言葉を、主の祈りの内容として主イエスは教えてくださったのである。

試み、誘惑、試練

黙想するにあたって、マタイによる福音書のテキストのいくつかの日本語訳を並べてみよう（ルカによる福音書には後半部分「悪からお救いください」は

ないが、ギリシア語原文では前半部分は前置詞のある／なしの違いはあるが他は
同じ言葉である）。

　　私たちを試みに遭わせず　悪からお救いください。（聖書協会共同訳）
　　わたしたちを誘惑に遭わせず、悪い者から救ってください。（新共同訳）
　　わたしたちを試みに会わせないで、悪しき者からお救いください。
　　　　　　　　　　　　　　　　　　　　　　　　　　　　　　　（口語訳）
　　私たちを試みにあわせないで、悪からお救いください。（新改訳 2017）
　　わたしたちを誘惑に陥らないよう導き、悪からお救いください。
　　　　　　　　　　　　　　　　　　　　　　　　（フランシスコ会訳）

　並べてみれば一目瞭然だが、前半部分は「試み」（聖書協会共同訳、口語訳、
新改訳 2017）、「誘惑」（新共同訳、フランシスコ会訳）という違いがある。な
ぜ違うのか。この言葉はギリシア語では「ペイラスモス」という言葉であり、
新約聖書の至るところに出てくるが、「誘惑」「試み」「試練」と訳されてい
る。それぞれの言葉で受ける印象がだいぶ違う。例えば、ヤコブの手紙に
このようにある。「試練を耐え忍ぶ人は幸いです。その人は適格な者とされ、
神を愛する者に約束された命の冠を受けるからです。誘惑に遭うとき、誰
も『神から誘惑されている』と言ってはなりません。神は、悪の誘惑を受け
るような方ではなく、ご自分でも人を誘惑したりなさらないからです」（ヤ
コブ 1:12–13）。ここで使われている「試練」と「誘惑」という言葉は、語源
を同じくする言葉である。「試練」は神から来るもので、試練の後の報いが
神によって用意されている。しかし「誘惑」は神から来るものではなく、私
たちにとって有益なものではない。つまり、同じ言葉だが文脈によって訳し
分けているのである。
　それでは、主の祈りのこの部分はどうなのだろうか？　「試練」なのか？
「誘惑」なのか？　あるいは両者の中間とも言える「試み」なのか？　福田
正俊は元の言葉を考察し（『主の祈り』162 頁）、「誘惑」の意味でとっている
が、「原文の調子はもっと強いものである」（同書 165 頁）と述べる。この世

は誘惑に満ちている。それらのものが現実に誘惑とならないように、言い換えればもっと強い誘惑となって自分に迫ってこないように、そのようなことを強く求めている祈りだと言うのである。「あらゆるものが、神よりわれわれの目をそむけさせる致命的な麻酔剤とならないようにという祈りなのである」（同書167頁）。

　このように、この主の祈りの文脈では、「試練」という意味ではなく、「誘惑」あるいは「試み」という意味であることはわかる。しかし大きな問題が残されている。私たちが今、直面している出来事が、果たして「試練」なのか「誘惑」なのか、私たちにはわからないということである。以前、ある信徒から「今、私が直面している出来事は、試練ですか、それとも誘惑ですか」と聞かれたことがある。簡単に返答できるものではないだろう。この問いに答えるべく、主の祈りのこの箇所で、理論的な試練論・誘惑論を展開しても、実りは少ないだろう。

　繰り返しになるが、元の言葉は同じであり、文脈に応じて「試練」「誘惑」と訳し分けている。文脈がわからないと訳せないということは、私たちが直面している出来事にも当てはまる。私たちの人生の文脈がよくわからないことが多い。過去になぜあんな出来事が起こったのか、十分に受けとめられないことがある。現在、なぜこんな出来事が起こっているか、これもよく理解できない。そして将来、何が起こっていくか、私たちにはまったく予知できない。せいぜい私たちができるのは、後になって、「ああ、あの出来事はそういうことだったのか」と受けとめることだけであり、文脈が後になってからようやくわかるのである。あれは、試練だった、あの時は苦しかったけれども、神に成長させていただいたとか、ああ、あれは誘惑だった、危うく陥りそうになったけれども踏みとどまることができたとか、後になってからそのような文脈がわかるのである。

　そんな私たちのために、主イエスはこの祈りを祈りなさい、と言われるのである。「今、私が直面している出来事は、試練ですか、それとも誘惑ですか」、この問いの答えを出すよりも、この祈りを祈りなさい、と言われるのである。

悪

　興味深いことに、「我らをこころみにあわせず」と前半では言っておきな
がら、「悪より救い出したまえ」と後半では言うのである。「こころみ」に遭
わないようにしてください、悪いことが自分に襲いかからないようにしてく
ださい、そのように願っている人は多いだろう。前半でもそう祈っているの
である。ところが後半では、もう悪のまっただ中にいるのであり、そこから
救い出してくださいと祈っているのである。しかしながら、前半と後半はバ
ラバラではないし、矛盾しているのでもない。「初めと後の部分とは、互い
に相応ずるようになっており」（福田正俊『主の祈り』161 頁）、「こころみ」
と「悪」、「あわせず」と「救い出したまえ」をほぼ等価に考えることができ
るだろう。

　それでは、後半部分の黙想へ進んでいこう。「悪」という言葉が出てくる。
先に挙げた翻訳の違いから、「悪から」と訳すのか（聖書協会共同訳、新改訳
2017、フランシスコ会訳）、「悪い（悪しき）者から」（新共同訳、口語訳）と訳
すのかということを考えなければならない。要するに、悪のものから救って
くださいなのか、悪の人から救ってくださいなのか、ということである。

　リュティはこの悪を考察し、私たちを誘惑する敵として三つのものを挙げ
ている。「最初の敵は内側からやって来ます。すなわち、自分自身の心の中
からやって来ます」（リュティ『主の祈り』114 頁）。キリスト者は罪の赦しを
いただいている。しかし罪人であることをやめない。ルターは全生涯が悔
い改めであると言った。闘いが待っている。「それゆえに、キリストは罪の
赦しを求める祈りの後、そこに留まるのではなくて、さらに続けて、『我ら
を試みに遭わせないでください』と祈るように私たちに命じられた」（同書
115 頁）。

　「第二の敵、もしくは敵の第二のグループは心の内側からではなく、外側
からやって来るものであり、いわゆる周囲の環境に起因するものです」（同
書117 頁）とリュティは続けて言う。リュティはルターの言葉を挙げ、外側
からやって来るものを「左側から来るものと右側から来るもの」（同）に分

ける。左側のものとは、重い病、結婚生活での困難、仕事での不運、他の人からの悪口など、私たちが有り難くないと思うものである。反対に右側のものとは、金持ち、出世、健康、幸運など、私たちが有り難いと思うものだが、これらはこっそりと私たちに忍び寄り、私たちを高慢にさせ、自己義認の罪に陥らせる、より深刻なものである。これらに抵抗すべく、この祈りを祈るのである。

　「第三の敵は単に内側からやって来るのでも、外のさまざまな状況から生じるのでもありません。今や敵は陰府の底からやって来ます」（同書121頁）とリュティは最後に言う。第一の敵と第二の敵はいわばこの世から生じたものであるが、ここでは陰府の底からやって来る悪魔やサタンとの闘いが語られている。「あなたがたの敵である悪魔が、ほえたける獅子のように、誰かを食い尽くそうと歩き回っています」（Ⅰペトロ5:8）と言われているように、誘惑する者が私たちを脅かしているのである。

　リュティがここで考察しているように、敵とは自分自身でもあるし、自分の内にあるものでもある。他者でもあるし、自分の外にある何らかのものでもある。陰府からの使いでさえもある。したがって「悪」といってもあらゆる可能性が考えられ、主の祈りのこの部分には、私たちを誘惑するあらゆるものが含まれている。

　前半の「我らをこころみにあわせず」と後半の「悪より救い出したまえ」の対応関係もよく見えてくるだろう。「こころみ」とは神から引き離そうとするあらゆる「悪」（ないし「悪人」）のことである。これらの「悪」を遠ざけてください、これらの「悪」のまっただ中に置かれてしまったのならばそこから救い出してください、そう祈っているのである。神から離れることのないように。

　パウロもまた、私たちを神から引き離そうとするあらゆる力があることを認めながら、私たちは引き離されない、と力強く語っていく。「誰が、キリストの愛から私たちを引き離すことができましょう。苦難か、行き詰まりか、迫害か、飢えか、裸か、危険か、剣か。……私は確信しています。死も命も、天使も支配者も、現在のものも将来のものも、力あるものも、高いものも深

いものも、他のどんな被造物も、私たちの主キリスト・イエスにある神の愛から私たちを引き離すことはできないのです」（ローマ 8:35, 38−39）。ここに挙げられているものは、実際にパウロの体験でもあるのだろう。そして私たちの体験でもある。あらゆる「悪」に取り囲まれ、神から引き離されそうになっても、主の祈りを祈る私たちは決して引き離されることがないのである。

主の祈りの最後の部分として

「我らをこころみにあわせず、悪より救い出したまえ」、この後に頌栄はあるが、祈りの本体としてはこれが最後である。罪の赦しを願い、そして誘惑、悪からの救いを祈ることで閉じられる。「主の祈りの後半部分には不思議な高まりが見られることに注意してください」（『主の祈り』135 頁）とリュティは言う。彼は、「日毎の糧」→「罪の赦し」→「悪からの救出」という発展を見ている。どういうことか。

このようなドイツでの食卓の祈りがある。「主よ、……わたしたちになくてはならぬものはただふたつです。それはただあなただけが与え得るものです。日毎の糧と罪の赦しを。アーメン」（加藤常昭『黙想と祈りの手引き』206 頁）。この祈りも主の祈りをなぞっていると言える。求めるものは二つ、「日毎の糧」と「罪の赦し」である。私たちには日々このように祈る必要がある。ということは、これら二つが私たちの上にのしかかっている。アダムのように糧を得る労苦があるし（創世記 3:17）、ルターが言うようにキリスト者の全生涯が悔い改めなのである（『九十五箇条の提題』の冒頭）。日々の糧と罪の赦しを祈り求め続けることは、「究極的なことを求める祈りであり、偉大なこと、全体的なことを求める祈り……あらゆる苦しみの終わりを求める祈りであり、完成を求める祈り」（リュティ『主の祈り』135 頁）なのである。つまり、「我らをこころみにあわせず、悪より救い出したまえ」という最後の願いは、その直前の二つの祈りの究極的な完成を求める祈りなのである。

「日毎の糧」「罪の赦し」、これら二つに加え、「救ってください」という解放を求める祈りを主イエスは加えてくださった。「あらためて印象深く思うことは、主の祈りの最後が、『救ってください』という言葉で締め括られて

いること」（平野克己『主の祈り』76 頁）である。他にも可能性はあったはず
である。この世の原理で考えるならば、「むしろ、わたしたちは、『我らをこ
ころみに負けない者とし、悪に打ち勝たせたまえ』と祈るべきではないので
しょうか。……主イエスは、わたしたちに向かって『がんばれ！』『撤退す
るな！』と命じられることはありません。むしろ、困難なときには、『助け
てくれと叫びなさい』、と教えてくださるのです」（同書 78 頁）。

　私たちが祈り求めているのは、究極的な解放である。今、自分が直面して
いる困難は、些細なことにすぎない。この困難が去れば、また次の困難が必
ずやって来る。それらの困難に直面しながら、私たちはこの祈りを祈るので
ある。キリスト者の歩みは闘いの歩みである。しかし主の祈りは「我ら」の
祈りである。「我らをこころみにあわせず……」。私一人の祈りではなく「我
ら」の祈りなのであり、信仰の仲間たち、教会の仲間たちと共に祈ることが
でき、何よりも主イエスが祈る「我ら」の中にいてくださり、闘いに加わっ
てくださるのである。私たちは口を閉ざす必要はない。どんな困難に直面し
ようとも、究極の解放を求める祈り、主の祈りを祈ることができるのである。

祈りを広げるために

　祈りについて、困難を覚えている聴き手は多いはずである。祈りの習慣が
身についていない、何をどう祈ったらよいのかわからない、自分のことばか
りで独りよがりの祈りになってしまう、人前で祈ることが憚られる、そもそ
も祈ったところでどうにもならないのではないかと思ってしまう、など。し
かし主の祈りは、私たちの小さな祈りを広げてくれる力を持っている祈りで
ある。

　この祈りを深めるにあたり、大きな祈りを祈っているはずの主の祈りの範
囲を狭めないようにしたい。「我らをこころみにあわせず、悪より救い出し
たまえ」と祈る時、それは単に個人的な悩み・苦しみからの解放を祈ってば
かりいるのではないはずである。これまで黙想してきたように、もっと究極
的な解放を求めている祈りであり、私たちの個人的な悩み・苦しみはその大
枠の中にすっぽり入ってしまうのである。

　主イエスはこの祈りを教えてくださった。主イエスが祈っておられる祈りとして、主イエスと共に祈れる祈りとして、そして私たちが日々祈れる祈りとして、私たちに教えてくださった。日々「こころみ」にさらされ、「悪より」救い出される必要のある私たちである。喜びをもって日々主の祈りを祈りつつ、キリスト者として歩める喜びを味わいたい。

参考文献

平野克己『主の祈り　イエスと歩む旅』日本キリスト教団出版局、2005 年

福田正俊『主の祈り――キリスト教の小さな学校』日本キリスト教団出版局、1979 年

ヴァルター・リュティ『主の祈り――講解説教』野崎卓道訳、新教出版社、2013 年

加藤常昭『黙想と祈りの手引き』キリスト新聞社、2006 年

国とちからと栄えとは　限りなく
なんじのものなればなり。アーメン

朝岡　勝

聖書テキストの問題

　主の祈りは「国とちからと栄えとは　限りなくなんじのものなればなり。
アーメン」との頌栄の言葉で締め括られる。

　すでに常識となっている議論であるが、簡潔に記しておくと、マタイ福音
書6章にはこの祈りは含まれていない。古代の有力写本になく、ルカ福音
書11章の主の祈りにも記されていないことから、後代の挿入であると考え
られる。

　聖書翻訳においてもこの点は踏まえられていて、文語訳、口語訳、新共同
訳、聖書協会共同訳のいずれもこの部分は含まれていない。新改訳聖書は
第3版まで本文に「〔国と力と栄えは、とこしえにあなたのものだからです。
アーメン。〕」を含め、欄外注に「最古の写本ではこの句は欠けている」と付
して来たが、新改訳2017になって本文から除き、欄外注に「後代の写本に
〔国と力と栄えは、とこしえにあなたのものだからです。アーメン。〕を加え
るものもある」と記すようになった。フランシスコ会訳も注を付して「若干
の写本は、本節のあとに『国と力と栄光は、とこしえにあなたものだからで

193

す。アーメン』を付け加えている」とし、英訳聖書 ESV も、いくつかの写本ではこの節を加えていると注記している。

　この句がマタイやルカのテキストにないことをもって、主イエスが教えられた祈りの中に含まれていなかったという結論には結びつかないとする考えもある。主の祈りをユダヤ教の祈りの形式と比較する研究者たちは、保存されてはいないが、この加筆部分に近い何かしらの結びの祈りがあったと言う。

　いずれにしても、主イエスから「こう祈りなさい」と教えられた弟子たちとそれに続く教会は、比較的早い段階からこの祈りを祈り始め、この祈りを頌栄をもって結んでいったのだろう。『十二使徒の教訓（ディダケー）』が「力と栄光とは永遠にあなたのものだからです」を加えることも、この点を示唆している。

聖書を読むにあたっての「末尾」の扱い

　以上のような聖書テキストの問題を踏まえた上で、私たちは聖書を読むにあたり、主の祈りの末尾をどのように扱うべきだろうか。

　手許にあるいくつかの主の祈りの講解説教を読んでみると、聖書テキストに忠実に、この末尾の祈りには一切触れないものもあれば、先のような聖書本文の問題を論じた上で、「国、力、栄光」を積極的に説き明かすものもある。

　スイスの名説教者ヴァルター・リュティの主の祈り講解説教では、全12篇の説教のうち頌栄部分が「主の御国」、「主の御力」、「主の御栄え」、「アーメン」の4篇にわたって割り当てられ、しかも「主の御国」では、使徒言行録7章のステファノ殉教の姿から「御国の信仰」が印象深く説き明かされている（リュティ『主の祈り』141頁以下参照）。

　米国の神学者ウィリモンとハワーワスによる主の祈りの解説書では、頌栄とアーメンに二つの章が割かれ、頌栄を扱う章では「『国とちからと栄え』という言葉は、危険で物騒な言葉なのです。……これらの言葉は、今この世界でいったい何が起こりつつあるのかということを、特殊な仕方で説明するキリスト者の言葉なのです」と、踏み込んだ説き明かしが語られている（ウ

ィリモン＆ハワーワス『主の祈り』198–199頁）。

　またチェコの神学者ロッホマンは、聖書本文批評的には頌栄の真実性には疑いがあるとしても、この一句には「とりわけ明白な聖書的精神」が表されていると指摘する。

　主の祈りが祈られてきた教会の長い歴史を顧みるとき、今日、私たちが祈っているのと同様に、末尾の句を加えた祈りとして祈られ続けてきたことは間違いない。「祈りの法が信仰の法」と言われるごとく、代々の教会は礼拝を始めとするさまざまな局面において、主イエスの教えてくださった祈りをともに祈り、その最後に「国と、力と、栄えとは永遠にあなたのものです」と祈り続け、その祈りによって形づくられる信仰の生を全うしてきたのである。

共鳴する御言葉をたずねて

　以上のような経緯からして、今日、私たちが主の祈りを祈るにあたっても、頌栄を省くことはできないであろう。その際に、この頌栄と響き合う御言葉を聖書の中にたずねることは、私たちの聖書の理解を深めるばかりでなく、私たちの祈りをも深めることになるであろう。

　それでは、そのような御言葉をどこにたずねることができるだろうか。

　一つの可能性は、頌栄の言葉の起源を辿る仕方で、旧約聖書に聴くという方法である。旧約の時代、神への賛美、頌栄の祈りは神の民イスラエルの礼拝生活において繰り返しささげられてきたものであり、主の祈りの末尾についても、その下敷きになっていると推定される旧約テキストは複数見出される。歴代誌上16章28節の「もろもろの民の氏族よ、主に帰せよ　栄光と力を主に帰せよ」（詩編96:7参照）や、同29章11節の「主よ、偉大さ、力、誉れ、輝き、威厳はあなたのもの。まことに、天と地にあるすべてのものはあなたのもの。主よ、王国もあなたのもの。あなたは万物の頭として高みにおられます」。また詩編29編1, 2節の「神々の子らよ、主に帰せよ。栄光と力を主に帰せよ。御名の栄光を主に帰せよ。聖なる装いで主にひれ伏せ」、63編3節の「聖所であなたの力と栄光にまみえるため　私はあなたを仰ぎ

ます」等々。

　これら旧約聖書に現れる賛美、頌栄の言葉を読み味わうとき、旧約の信仰
者たちの祈りのスケールの大きさや広さに圧倒させられ、彼らの生き生きと
した神経験のリアリティの豊かさを思い知らされる。それに比して、私たち
が日頃ささげている祈りがいかに貧しく、また祈りの世界がいかに狭く小さ
いものであるかを痛感させられるのである。

　旧約とともに、新約聖書からも聴いておきたい。主の祈りの頌栄と響き合
う新約テキストとして、やはり心に留めたいのはヨハネの黙示録である。そ
こで繰り返し鳴り響く賛美の歌声にこそ、「国、力、栄光」の本質が鮮やか
に示されているからである。

主は世々限りなく支配される

　そこで本黙想においては、ヨハネの黙示録 11 章 15 節以下の「第七のラ
ッパ」の光景を取り上げておきたい。

　8 章 6 節から、七つのラッパを吹き鳴らす七人の天使たちの記述が始まる。
第一のラッパによって「血の混じった雹と火」（黙示録 8:7）が地に投げ入
れられ、第二のラッパによって「火の燃え盛る大きな山のようなもの」（同
8:8）が海に投げ入れられ、第三のラッパによって「松明のように燃えてい
る大きな星」（同 8:10）が天から降り、第四のラッパによって「太陽の三分
の一、月の三分の一、星という星の三分の一」（同 8:12）が撃たれて光を失
い、第五のラッパによって「ばったの群れ」（同 9:1-3）が底知れぬ地の穴の
煙の中から現れ、第六のラッパによって二億の騎兵を従えた「四人の天使」
（同 9:14）が解き放たれ、人間の三分の一が殺されるという大殺戮が行われる。
これらの災いはみな、終わりの時の大いなる裁きを表しているが、11 章に
入り、ついに第七の天使によってラッパが吹き鳴らされると、「さまざまな
大きな声が天に起こって」（同 11:15）、メシアなる主イエス・キリストの勝
利の宣言が響き渡ることになる。

　「この世の国は、私たちの主と　そのメシアのものとなった。主は世々限
りなく支配される」（同 11:15）。

　第七の天使が吹き鳴らすラッパは、もはや災いを告げ知らせる不吉な音色ではなく、メシアによる完全な勝利を告げ知らせる凱歌の音色として天から鳴り響いている。それは10章7節で語られていたことの成就でもあった。「第七の天使がラッパを吹き鳴らすとき、神の秘義が成就する。それは、神がご自分の僕である預言者たちに良い知らせとして告げられたとおりである」。

先取りされた勝利の宣言

　この勝利宣言は少し早すぎるのではないか、まだ勝負は終わっていないのにぬか喜びになりはしないかとも思う。ヨハネの黙示録はまだ11章。続く12、13章でヨハネの黙示録の中でも最も恐るべき獣の登場が記されて、まだまだ災いは続くことを思うと、このタイミングでの勝利宣言に少々の戸惑いを感じないわけでもない。

　しかし、患難期を生きる教会が、出口の見えない苦しみの最中にあってすでに勝利の宣言を先取りしていることに慰めを受ける。「この世の国は、私たちの主と　そのメシアのものとなった」（黙示録11:15）。天からの声はきっぱりとした言葉遣いで言い切っている。それは決定的に確かな出来事としてすでに起こったことの宣言である。

　「み名をあがめさせたまえ。み国を来らせたまえ」と祈り始められた主の祈りが、「国とちからと栄えとは　限りなくなんじのものなればなり」との頌栄で締め括られることは、この黙示録における勝利の宣言と呼応する。ヨハネの黙示録が記された時代、教会を取り巻く状況は激しい迫害の中にあったのと同様、私たちが生かされている今の時も、主なる神に敵対する力が目に見える地上の権力と結びつき、その悪魔的で暴力的な支配によって激しく攻められている戦いの時代であり、しかも情勢は敵の側に分があると見え、私たちには勝利の展望は開けてこない。

　ヨハネが見ている世界は違っている。そこではすでに「この世の国は、私たちの主と　そのメシアのものとなった。主は世々限りなく支配される」（同11:15）と言い切られている。すでにメシアは勝利を得ておられ、支配権

は神の側にあり、すべては主のものとされている。たとえどれほどの力を持つ地上の支配者もこれに逆らうことはできないほどの完全な支配が、すでに堅く立てられているのである。

先取りされた感謝の賛美

　第七の天使によって先取りされた勝利宣言のラッパが吹き鳴らされたのを受けて、「神の前で座に着いていた二十四人の長老」（黙示録 11:16）もまた神を礼拝し、感謝を先取りして言う。「今おられ、かつておられた方　全能者である神、主よ、あなたに感謝いたします。あなたは大いなる力を振るい、支配されたからです」（同 11:17）。

　この二十四人の長老たちの「今おられ、かつておられた方」との呼びかけを聞いて思い起こすのは、ヨハネの黙示録 1 章 4 節の「今おられ、かつておられ、やがて来られる方」、同じく 1 章 8 節の「今おられ、かつておられ、やがて来られる方」、そして 4 章 8 節の「かつておられ、今おられ、やがて来られる方」という言葉である。これらを 11 章 17 節と読み比べて気づくのは、11 章 17 節には「やがて来られる」の一句が含まれていない点である。そこでは「やがて来られる方」が今まさに来られた、すでに来ている、との確信が表明されているのであろう。この確信のゆえに、苦難と闘いの続く日々の中で、しかも 12 章、13 章の獣の到来が後に控えている中で、それでもすでに感謝を先取りしながら、「主よ、あなたに感謝いたします。あなたは大いなる力を振るい、支配されたからです」と歌うことができたのである。

国、力、栄光

　主の祈りの末尾に加えられた頌栄の「国」は第二の祈願の「み国を来らせたまえ」との祈りに関わり、「力」は第六の祈願の「こころみにあわせず、悪より救い出したまえ」との祈りに関わり、「栄光」は第一の祈願の「み名をあがめさせたまえ」との祈りに関わっている。

　ハイデルベルク信仰問答第 128 問はこの頌栄を次のように説く。

　問　あなたはこの祈りを、どのように結びますか。

　答　「国とちからと栄えとは、限りなくなんじのものなればなり」とい
うようにです。すなわち、わたしたちがこれらすべてのことをあなたに
願うのは、あなたこそわたしたちの王、またすべてのことに力ある方と
して、すべての良きものをわたしたちに与えようと欲し、またそれがお
できになるからであり、そうして、わたしたちではなく、あなたの聖な
る御名が、永遠に讃美されるためなのです。

（『ハイデルベルク信仰問答』吉田隆訳、116-117 頁）

　「あなたこそわたしたちの王、またすべてのことに力ある方」とは、第
123 問で「あなたがすべてのすべてとなられる御国の完成に至るまで」とあ
るように、父なる神が力ある私たちの王であることを賛美し、「すべての良
きものをわたしたちに与えようと欲し、またそれがおできになる」とは、第
127 問で「どうかあなたの聖霊の力によって、わたしたちを保ち、強めてく
ださり、わたしたちがそれらに激しく抵抗し、この霊の戦いに敗れること
なく、ついには完全な勝利を収められるようにしてください」とあるよう
に、終わりの時の完全な勝利へと私たちを導く力が賛美されている。そして
「あなたの聖なる御名が、永遠に讃美されるため」とは、第 122 問で「あな
たの全能、知恵、善、正義、慈愛、真理を照らし出す、そのすべての御業に
おいて、あなたを聖なるお方とし、あがめ、讃美できるようにさせてくださ
い」とあるように、すべての善きものの源である聖なる御方として、その御
名があがめられている。

　このように、主の祈りの末尾は、単なる後代の付加というに留まらず、む
しろ主の祈りの全体を一つにまとめ上げて主の御前に差し出す、まさしく賛
美と頌栄の祈りなのである。

「アーメン」の確かさ

　主の祈りは「アーメン」と力強く結ばれる。この「アーメン」の意味は
「それが真実であり確実である、ということです。なぜなら、これらのこと

を神に願い求めていると、わたしが心の中で感じているよりもはるかに確実に、わたしの祈りはこの方に聞かれているからです」（ハイデルベルク信仰問答第129問）と説かれるとおりである。

　祈りは独り語りではない。精神的浄化作業でもない。そこではこの祈りを私が祈る前に知っておられる私たちの父でもあり給う神が、耳を傾けていてくださるという確かな事実がある。

　また私たちにこの祈りを教えてくださった神の御独り子、贖いの仲保者、私たちのために十字架に死なれ、三日目によみがえられたまことの救い主イエス・キリストが、共にいてくださるという確信がある。

　そして、祈りつつも確信が持てず不安になるときにも、祈りながらも答えが出ずに行き詰まるときにも、祈ること自体が潰（つい）えそうになるときにも、にもかかわらず、必ずこの小さな祈りが聞き届けられるために聖霊が執り成し続けていてくださるという確信がある。

　私たちは父、子、聖霊なる神を信じ、三位一体の神が私たちの祈りを必ず聞いてくださると信じて、今日も祈りの手を挙げ続ける。そしてこの祈りを「国とちからと栄えとは　限りなくなんじのものなればなり」と頌栄をもって締め括り、力強く「アーメン」と祈り終えたそのときから、再び天を見上げて「天にまします我らの父よ」と再び新しく祈り始めることができるのである。

御言葉に生きるために

　主の祈りを深く味わうことは、私たちの日々の祈りを強め、励まし、力づけるにあたっての最良の手段であろう。私たちは互いに祈りの生活の実際をよく思い巡らし、私たちの祈りが主の祈りによって整えられるばかりでなく、いっそう強められ、高められ、熱心にされるように励むものでありたい。

　世界が暗さを増し、悲惨さを増し、希望の芽が摘み取られていくようなことがあったとしても、世界が悲しみをたたえ、うめきの声を挙げ、闇がその濃さを増していったとしても、祈る口が塞がれ、祈りの手が縛り付けられ、祈る心が押し潰されそうになったとしても、「国とちからと栄えとは　限り

なくなんじのものなればなり」と祈ることができる幸いを覚えたい。そして
その祈りを「アーメン」で結ぶことのできる確かさを覚えたい。

参考文献

W. H. ウィリモン、S. ハワーワス『主の祈り——今を生きるあなたに』平野克
　　己訳、日本キリスト教団出版局、2003 年

O. クルマン『新約聖書における祈り』川村輝典訳、教文館、1999 年

W. リュティ『主の祈り——講解説教』野崎卓道訳、新教出版社、2013 年

J. M. ロッホマン『われらの父よ——主の祈り講解』南吉衛・南含訳、キリスト
　　新聞社、2001 年

『ハイデルベルク信仰問答』吉田隆訳、新教出版社、1997 年

執筆者紹介

小泉　健　こいずみ・けん

1967 年生まれ。大阪大学、東京神学大学大学院修士課程に学ぶ。2007 年、ハイデルベルク大学より神学博士号取得。日本基督教団五反田教会副牧師、センター北教会牧師を経て、現在、東京神学大学教授（実践神学）、成瀬が丘教会牧師。著書に『主イエスは近い──クリスマスを迎える黙想と祈り』『十字架への道──受難節の黙想と祈り』（共に日本キリスト教団出版局）ほか。訳書に、Ch. メラー『魂への配慮としての説教』（教文館）。

楠原博行　くすはら・ひろゆき

1963 年生まれ。東京工業大学大学院、東京神学大学大学院に学ぶ。日本基督教団狛江教会担任教師を経て、エルランゲン＝ニュルンベルク大学、バイエルン州福音主義ルター派教会立アウグスタナ神学大学留学。2004 年、同大学より神学博士号取得。木更津教会牧師を経て、現在浦賀教会牧師。明治学院大学非常勤講師。著書に『キリスト者は何を信じているのか──ハイデルベルク信仰問答入門』（新教出版社）。訳書にドイツ福音主義教会常議員会編『聖餐──福音主義教会における聖餐の理解と実践のための指針』（教文館）。

高橋　誠　たかはし・まこと

1964 年生まれ。四国学院大学、東京聖書学院に学ぶ。日本ホーリネス教団千葉栄光教会副牧師、鳩山のぞみ教会牧師、那覇ホーリネス教会牧師を経て、現在八王子キリスト教会牧師、東京聖書学院講師（牧会学）。共著書に『立ち上がり、歩きなさい』『いつも喜びをもって』（共に教文館）、『永遠のシャローム』（日本ホーリネス教団）ほか。

荒瀬牧彦　あらせ・まきひこ

1960 年生まれ。上智大学法学部、東京神学大学大学院修士課程に学ぶ。カンバーランド長老キリスト教会田園教会牧師。日本聖書神学校教授（実践神学）。共著書に『「新しい教会暦」による説教への手引き』『牧師とは何か』、訳書にポール・ブラッドショー『初期キリスト教の礼拝──その概念と実践』（以上、日本キリスト教団出版局）、編著書に『コロナ後の教会の可能性──危機下で問い直す教会・礼拝・宣教』（キリスト新聞社）。

安井　聖　やすい・きよし
1969 年生まれ。愛媛大学、東京聖書学院、立教大学大学院、東京神学大学大学院に学ぶ。
2019 年、東京神学大学より神学博士号取得。現在、日本ホーリネス教団西落合キリスト
教会牧師、東京聖書学院准教授、関東学院大学・聖学院大学・立教大学非常勤講師。著書
に『アタナシオス神学における神論と救済論』（関東学院大学出版会）、共著書に『日本
ホーリネス教団史　第一巻　ホーリネス信仰の形成』（日本ホーリネス教団）、『比較文化
事典』（明石書店）ほか。

須田　拓　すだ・たく
1973 年生まれ。東京大学理学部数学科卒業後、東京神学大学に編入学。東京神学大学
大学院博士課程前期課程修了後、2000 年 4 月より日本基督教団橋本教会主任担任教師。
2004 年から 2009 年まで英国ケンブリッジ大学留学。東京神学大学大学院博士課程後期
課程修了。現在、橋本教会牧師、東京神学大学教授（組織神学）。共著書に『贖罪信仰の
社会的影響――旧約から現代の人権法制化へ』（青山学院大学総合研究所キリスト教文化
研究部編）、訳書にコリン・ガントン『キリストと創造』（共に教文館）。

宮嵜　薫　みやざき・かおる
1984 年東京外国語大学仏語学科卒。東京神学大学、同大学院博士課程前期課程を経て、
2021 年 3 月同後期課程満期退学。2013 年 4 月より日本基督教団国立教会伝道師、牧師
（〜 23 年 3 月）。2022 年 4 月より東京神学大学非常勤講師（旧約・ヘブル語）。共訳書に
W. ブルッゲマン『平和とは何か――聖書と教会のヴィジョン』（教文館）、B. S. チャイル
ズ『教会はイザヤ書をいかに解釈してきたか』（日本キリスト教団出版局）。

本城仰太　ほんじょう・こうた
1978 年生まれ。東京神学大学・大学院に学ぶ。2018 年、東京神学大学より神学博士号取
得。日本基督教団松本東教会伝道師・牧師を経て、現在、東京神学大学准教授（歴史神
学）、中渋谷教会牧師。著書に『使徒信条の歴史』（教文館）。

朝岡　勝　あさおか・まさる

1968 年生まれ。東京基督教短期大学、神戸改革派神学校に学ぶ。日本同盟基督教団西大寺キリスト教会、徳丸町キリスト教会牧師を経て、現在、学校法人東京キリスト教学園（東京基督教大学）理事長・学園長、日本同盟基督教団市原平安教会牧師、同教団理事長。著書に『教会に生きる喜び』『大いに喜んで』（共に教文館）、『光を仰いで』『喜びの知らせ』（共にいのちのことば社）ほか。

吉村和雄　よしむら・かずお

1949 年、福島県いわき市生まれ。東京大学工学部卒業、東京神学大学大学院修士課程修了。1990–2021 年、単立キリスト品川教会主任牧師。現在は同教会名誉牧師。著書に『泉のほとりで』『ふたりで読む教会の結婚式』（共にキリスト品川教会出版局）、『聖書が教える世界とわたしたち』（GC 伝道出版会）、『説教　最後の晩餐』（キリスト新聞社）。訳書に、F. B. クラドック『説教』（教文館）、W. ブルッゲマン『詩編を祈る』、トーマス・ロング『歌いつつ聖徒らと共に』（共に日本キリスト教団出版局）ほか。

服部　修　はっとり・おさむ

1967 年生まれ。1992 年、東京神学大学修士課程終了（専攻：歴史神学）。1995 年、東京神学大学博士課程中退。現在、日本基督教団蕃山町教会主任担任教師。著書に『日々のみことば——生きる力を得るために』（日本キリスト教団出版局）、訳書に J. N. D. ケリー『初期キリスト教信条史』（一麦出版社）。

広田叔弘　ひろた・よしひろ

1960 年生まれ。東京神学大学大学院修了。日本基督教団下石神井教会を経て、現在、梅ヶ丘教会牧師。恵泉女学園中学・高等学校聖書科非常勤講師、同大学客員教授。著書に『詩編を読もう　上』『詩編を読もう　下』（共に日本キリスト教団出版局）。

三要文 深読　十戒・主の祈り

2023 年 4 月 25 日　初版発行

ⓒ 日本キリスト教団出版局 2023

編集　　日本キリスト教団出版局

発行　　日本キリスト教団出版局
　　　　〒 169-0051
　　　　東京都新宿区西早稲田 2-3-18-41
　　　　電話・営業 03（3204）0422
　　　　　　　　編集 03（3204）0424
　　　　https://bp-uccj.jp

印刷　　開成印刷

ISBN978-4-8184-1132-6　C1016　日キ販
Printed in Japan

最も偉大な祈り　主の祈りを再発見する

J. D. クロッサン 著、小磯英津子 訳、河野克也 解説
（A5判 256 頁／ 3800 円）

イエスが直接弟子たちに教えた主の祈りは、キリスト教の祈りの原点である。この祈りが持つ革命的なメッセージを、歴史的人物としてのイエスを探求する「史的イエス研究」で一時代を画した新約学者が説き明かす。

主の祈り　今を生きるあなたに

W. H. ウィリモン ／ S. ハワーワス 著、平野克己 訳
（四六判 234 頁／ 2200 円）

アメリカにおいて「説教者の説教者」と呼ばれるウィリモンと、「最も注目すべき神学者」と評されるハワーワスが、キリスト教信仰の基本である主の祈りを信徒向けにやさしく解説する。

主の祈り　イエスと歩む旅

平野克己 著（四六判変型 104 頁／ 1300 円）

主の祈りは、主イエスが弟子たちに教えた祈り。主イエスと寝食を共にした弟子たちが、十字架へと向かう主の背中で覚えていった祈り。その言葉のひとつひとつを、今を生きるための祈りとして味わう。

十戒・主の祈り

関田寛雄 著（B6判 190 頁／ 1400 円）

十戒は決して古き死せる戒めや道徳訓ではなく、我々の生活の中に語りかける神への感謝の応答の行為を生み出す、自由の規定そのものであると説く。十戒と主の祈りの今日的意味をわかりやすく解説する。

（価格は本体価格です。重版の際に変わることがあります）